手把手教你炒股票

从入门到精通实用手册

牛心 编著

民主与建设出版社
·北京·

© 民主与建设出版社，2023

图书在版编目（CIP）数据

手把手教你炒股票：从入门到精通实用手册 / 牛心编著. -- 北京：民主与建设出版社，2023.7
ISBN 978-7-5139-4186-0

Ⅰ. ①手… Ⅱ. ①牛… Ⅲ. ①股票交易 – 基本知识 Ⅳ. ① F830.91

中国国家版本馆 CIP 数据核字（2023）第 080834 号

手把手教你炒股票：从入门到精通实用手册
SHOUBASHOU JIAO NI CHAO GUPIAO CONG RUMEN DAO JINGTONG SHIYONG SHOUCE

编　　著	牛　心
责任编辑	王　倩
封面设计	考奇广告
出版发行	民主与建设出版社有限责任公司
电　　话	（010）59417747　59419778
社　　址	北京市海淀区西三环中路 10 号望海楼 E 座 7 层
邮　　编	100142
印　　刷	三河市龙大印装有限公司
版　　次	2023 年 7 月第 1 版
印　　次	2023 年 7 月第 1 次印刷
开　　本	710 毫米 ×1000 毫米　1/16
印　　张	15
字　　数	165 千字
书　　号	ISBN 978-7-5139-4186-0
定　　价	69.80 元

注：如有印、装质量问题，请与出版社联系。

序

无论你从事什么行业，是普通上班族、公务员、专业人士，还是企业主，如果手头有了一笔**余钱**，是不是希望这笔余钱能**保值甚至增值**呢？如果你将钱存进银行，固然能保证本金的安全，但这样的话，你又会觉得收益率太低了。于是你就会拿这笔钱的一部分或者全部去投资理财。

股票这种理财产品由来已久，门槛较低，虽然让普通人获得了财富增值的机会，但也让许多人因为盲目交易而将自己辛辛苦苦攒下的血汗钱打了水漂，可以说是让人又爱又恨。爱股票的人一直都憧憬着能有巴菲特、索罗斯等投资大师的光辉业绩，觉得下一个股市传奇就是自己，希望能学到用1万元在股市赚到1亿元的财富"秘籍"。恨股票的人将它比作毒品，哀叹"远离股市，远离毒品"，觉得股市就像毒品那样让人不能自拔，不断消耗金钱，看不见任何回报。

本书的书名是"手把手教你炒股票"，看上去真有些像在说大话。或许正在看本书的你拥有远比我更高的投资天赋，在股市已经取得的收益或者将来在股市赚取的利润比我更多，可能认为我根本就教不了你任何东西，但这也未可知。

看完本书肯定不能保证你成为一代投资大师、股票大亨。能够成就非凡业绩的人必定有非凡的天赋和不寻常的人生经历,如果你真有成为股票大亨的潜力,那我祝福你,也希望本书的内容或多或少对你来说就像对**普通人**一样有些用处。

本书仅介绍炒股知识和技能,不提供具体买卖建议,股市有风险,入市需谨慎。

目 录

第 1 章　入市前的准备 / 001

1.1　买卖股票的基本条件 / 002
- 1.1.1　你的资金来源 / 002
- 1.1.2　你想做投资还是投机 / 003
- 1.1.3　你期待得到多大收益 / 007
- 1.1.4　你能承受多少损失 / 009
- 1.1.5　炒股能不能当职业 / 013

1.2　股票和股市的基础知识 / 014
- 1.2.1　什么是股票 / 014
- 1.2.2　什么是股市 / 016
- 1.2.3　证券交易所和证券代码 / 018
- 1.2.4　股票指数是怎么回事 / 025
- 1.2.5　牛市和熊市 / 026
- 1.2.6　其他常见术语 / 033

第 2 章　开户与交易 / 041

2.1　开户手续与交易方式 / 042

2.1.1　开户必备资料 / 042
2.1.2　开设股东账户 / 043
2.1.3　开设资金账户 / 043
2.1.4　非主板市场的准入门槛 / 045
2.1.5　各种委托交易方式简介 / 047

2.2　交易税费和基本交易程序 / 049

2.2.1　交易佣金和过户费 / 049
2.2.2　印花税 / 051
2.2.3　网络委托交易系统概述 / 052
2.2.4　委托交易软件的具体应用 / 055

第 3 章　证券分析软件 / 061

3.1　证券分析软件的通用功能 / 062

3.1.1　个股即时分析功能 / 063
3.1.2　K 线图和技术分析功能概述 / 071
3.1.3　基本面资料查询功能 / 075
3.1.4　板块分类和自选股功能 / 077

3.2　四种常用证券分析软件的特色功能 / 081

3.2.1　钱龙的特色功能 / 081
3.2.2　大智慧的特色功能 / 085
3.2.3　通达信的特色功能 / 089

目 录

   3.2.4 同花顺的特色功能 / 090

第 4 章 常用基本面分析法 / 095

  4.1 宏观经济分析 / 096

  4.2 行业分析 / 099

   4.2.1 新兴行业 / 099

   4.2.2 周期性行业 / 101

   4.2.3 泛消费类行业 / 106

  4.3 上市公司分析 / 108

第 5 章 常用技术分析方法 / 121

  5.1 K 线图分析 / 122

  5.2 移动平均线分析 / 130

  5.3 常用技术分析指标解析 / 136

   5.3.1 RSI 指标 / 138

   5.3.2 KDJ 指标 / 142

   5.3.3 MACD 指标 / 154

第 6 章 怎样少踩坑 / 159

  6.1 博彩心态要不得 / 160

  6.2 不熟不做 / 162

  6.3 尊重常识，要有主见 / 165

  6.4 对股市行情保持平常心 / 171

第 7 章　股票交易实操案例 / 175

7.1　超短线（持股周期在 10 个交易日内）交易案例 / 176

7.2　短线（持股周期在 10 ~ 30 个交易日）交易案例 / 183

7.3　中线（持股周期在 30 ~ 120 个交易日）交易案例 / 189

7.4　长线（持股周期在 120 个交易日以上）交易案例 / 201

第 8 章　实用交易心得 / 213

8.1　尽量避免亏损，你才能一直有"资"可投 / 214

8.2　重要的是赚的一定要比亏的多 / 220

8.3　最终成为赢家的唯一秘诀——复利 / 225

结　语 / 229

第 1 章 入市前的准备

> 根据作者多年炒股的经验,他认为股市既不是一座保证股民一定能实现发财梦的金山,也不是只会让人上瘾破财的赌场或毒品,而是一个**展现个人综合理财实力的竞技场**,从某种意义上说,股市就是武林,就是江湖。就像一个习武的人在出师下山闯江湖之前,必然要进行一系列准备那样,你在进入股市之前,也要做好各种准备。

1.1 买卖股票的基本条件

1.1.1 你的资金来源

股票是一种投资工具和投资方式。"投资"在《现代汉语词典》中的解释是"为达到一定目的而投入资金",也就是说用钱去赚更多的钱,那么用投资这种办法赚钱的**第一个必要条件**就是要有资金,即有钱可投。

我在序中已经说过,你用来投资的钱应当是**"余钱"**,说得更清楚一些,是日常收入在扣除日常开销和用于偿还各种贷款和债务之后,还能结余下来的钱,而且这笔钱至少在今后一段时间里不会急着要花。我在任何时候都绝对反对"砸锅卖铁"将全部财产变现去买股票,因为投资只是生活的**一小部分**,拿个人甚至家庭的安定生活去冒险,**没有必要,也不值得**。

如果你是一位拥有多年商业经验和举债经营经验的生意人,资金量比较大,那么想要融资(举债)投资股票不是不可以,但一定要注意风险,尤其在初入股市的时候更要注意风险。普通的个人投资者在任何时候都不要融资,切记只能用自己的**余钱投资**,**量力而行**即可。

具体来说,每个月工资收入里原先用于在银行存定期存款的那部分钱可以去买股票;已经存了定期,但你不是太在意存款利息收入的话，可以取出部分存款买股票；年终的双薪或者奖金，如果没有短期消费用途，可以拿去买股票；兼职的劳务收入和稿酬收入，如果没有特定用途，也可以拿去买股票；开店做实体生意，在生意能够盈利，不影响店铺的正常运作，也不会妨碍你可能要继续投资店铺扩大经营的前提下，还多出一部分盈利，如果不希望将这笔钱存进银行闲置的话，可以拿去买股票。

最后再三强调，你用来买股票的资金应当是一笔**余钱，余钱，余钱**！

1.1.2 你想做投资还是投机

如果你手头有一笔余钱，想进入股市去炒股票，肯定想要赚钱，股市的所有参与者或者准备进入股市的人都这样想。在股市，投资有两种含义：一种是用钱去设法赚更多的钱；另一种是与**投机**相对的赚钱方式。本节要讲的投资是**第二种意义上**的投资。

迄今为止，哪怕是专业的机构投资者对"投资"与"投机"之间的区别都有可能搞不清楚。表面上看，无论投资还是投机，最终目的都是为了赚钱盈利，似乎没什么明显区别，但是这两种理财方式的**理念和内在逻辑**都是不同的。

根据我对投资理论的了解，以及多年来在股票和基金市场的实践，我对"投资"和"投机"这两个概念作一个简单的阐述和定义。

"投资"就是将你**要购买的股票当作这家上市公司的一部分**。你想做投资者的话，就要尽力去了解这家上市公司的经营情况，估算该公司股票的**内在价值**，等待时机，当市场上的股价达到内在价值的**一定**

折扣时，买入该公司的股票，然后**长期持有**，等待市场价格**回归甚至超过**其内在价值。如果该公司的内在价值一直在增加，那么就继续持有该公司的股票，即无论市场价格如何波动，至少仍然持有这家公司的一部分股票。

"投机"在股票市场更加常见，投机者往往对上市公司不是很了解，只是尝试去判断大盘和个股的涨跌，想要在低位买入高位卖出，赚取差价实现盈利，**核心因素**就是一直在**预测趋势，预测未来**。

简而言之，**投资者**更加关心**上市公司**的经营情况，而**投机者**更在乎股票在**市场上的价格走势**。

当然投资和投机两者之间的区别只是相对的，不是绝对的。投资者也要看股价，而且在投资失误的时候，也会低价卖出经营状况恶化的公司的股票，回收部分资金；在股价明显高于股票的内在价值时，若认为股价会随着市场的亢奋达到最高点后下跌，若调整幅度比较大的话，也会在高价时将股票卖出，然后在低价时买回，从而赚取差价套利。此时，这样的投资操作至少也带有一定的投机色彩。

投机者也会或多或少地去了解上市公司的经营情况，若发现某只股票的趋势一直在上涨的话，还有可能更加深入地了解该上市公司的经营和财务状况，最终变成这家公司的投资者。

大致明白了投资和投机的概念，了解了两者的区别之后，你可以问自己：进入股市，是想做投资，还是想做投机？

在股票市场，乃至整个金融市场中，**投机都不是一个贬义词**。投资者在合适的时候也会做一些具有投机色彩的操作，所以你进入股市无论是想做投资还是投机都很正常。投资者和投机者的**区别不是在于具体的每一次买卖如何操作**，而是在于两者理财的理念和内在逻辑，即**买卖股票的指导思想和关注的重点**不同。如果用武侠小说里的说法打个比方：做投资和做投机就好比是分别投入两个门派拜师学艺，目的都是学有所成，将来能在江湖上立足。

如果你想做投资的话，所学的武功要更加注重内功修为。因为投资派武功易练难精，练习起来必须循序渐进，不能贪快，上手的基本功都要经过长期练习，等到基本的内外功夫都打好了底子，才能练更高一级的武功。

即使你已经练好了第一级的基本功，最开始闯江湖经历的实战也不见得能有多漂亮，甚至可能其他门派和看热闹的外行都嘲笑你的武功过时，继续练下去也成不了高手，无法扬名立万。你听了别人的这种评价可能会动摇信心，在比武较量输了以后，甚至会怀疑自己。

然而如果你冷静下来，就会发现你练的基本功在你挨打的时候扛揍。你与其他门派的武林同道一起对付强大的敌人，招数比你多、看来更高明的同伴受伤往往更重，有的可能已经被打残，不能继续练武，而你的元气尚在，就算伤筋动骨，经过一段时日的休养，仍然可以继续练武，将来还能再战。当然，投资派的武功要学精始终是很困难的，有许多人慕名而来，但大部分都在练到中级之前就从此退出江湖，或者改投其他门派。

如果你加入投机派，所学的武功同样要修炼内功，但投机派更加注重的是外门功夫，尤其是各种招式。投机派的武功上手很容易，不少招式直观易懂，不用多少时间就能学会，甚至不用明白一种拳法或剑法的深奥拳理和剑理，不用背难懂的口诀，只要看着同门师兄弟的比画就能学会不少招式，甚至还可以一边学习，一边找人比试。

投机派的武功容易速成，能更快投入实战。江湖上各种点评武功的名嘴名家（证券分析师）绝大多数讲的也是与投机派有关的各种招式，毕竟招式多花样就多，打起来热闹，也有更多人爱看。

你用所学的招式闯江湖找人比试，无论胜负，一开始都能很快见到结果，经常能胜个一招半式，甚至有时能随镖队保一趟大镖名利双收。

然而随着江湖阅历的增长，你发现原先的招式好像没那么好使了，会遇到很多经验更老到，甚至非常狡猾的对手，他们往往不按照常理对招。明明该进招，他却故意示弱，卖个破绽给你，引你吃亏上当。最狡猾的强敌甚至连卖好几个破绽，让人认为他简直一碰就倒。等你真出了手，他会用各种你从未见过的手段将你缠住，一顿狠揍，打得你伤筋动骨，有时甚至会丢掉半条命，好几个月，甚至好几年都未必能痊愈。

当然，你也可能天赋过人，在实战中能将各种招式融会贯通，始终胜多败少，在江湖上成名之后，一帆风顺。但是任凭你武功再高，招式再精，仍然难免有在对手那里吃亏的时候。

无论你是成为投资派的弟子，还是拜入投机派的门下，不管在江湖上遇到逆境还是顺境，都可能会在某个时候问自己这样一个问题：这条江湖路该怎样走下去？那么在走江湖之前，不妨先问自己另外两个问题：闯江湖希望能得到什么？能承受多少闯江湖的痛苦？**闯江湖之前先要意识到可能的得失，进股市也是一样的道理。**

1.1.3 你期待得到多大收益

对普通人来说，进入股市炒股票，就好比是在业余时间搞一份副业，做一份兼职。你选择炒股票这份副业，和搞其他副业一样，都是将本求利去赚钱，赚到的钱自然是越多越好，但不是每个人一开始都有那么多本钱可以赚到成千上百万元，甚至上亿元的。无论你有多少本钱，在进入股市之前，都要先给自己定一个切实可行的目标，比方说，进入股市第一年，**让自己的起始资金能盈利（收益）10%**。

千万不要小看这10%。股市有句俗语"**一赚二平七个赔**"，这种说法虽然在统计学上未必十分精确，但大体上反映了中国数以亿计的股民的真实盈亏状态。如果第一年就能实现盈利10%的目标，意味着你在炒股的第一年就已经成为那十分之一的股市赢家，虽然不能保证今后一直都能盈利，但至少为将来的投资打造了更好的抗风险基础。

如果你首次入市的时候，正好赶上一轮牛市行情，那是运气好。此时，你想要乘胜追击，调高自己的预期收益很正常，完全可以期待趁着形势大好的时候取得高于10%的收益，甚至一波行情让起始资金直接翻番都有可能。然而永远都不要忘记这个常识：运气终究是玄而又玄的东西，是根本无法控制的东西，你能控制的永远只有你自己。**高收益必然伴随高风险**，这是对任何生意、任何理财投资，包括股票都适用的真理。

牛市总有结束的一刻，你应该事先确定一个不是很大的适中收益目标，即使**在股市最狂热的时候也要保持一份清醒**。在股市突然由牛转熊，出现暴跌的时候，人们很容易陷入一种赌徒心理："我本来能赚100%的，股市这阵子都在跌，只剩60%了，少赚了那么多，不甘心啊！

股市不会一直跌下去的，再坚持一下，或者换另一只走势更强的股票，说不定以前抹去的利润会回来，还会赚得更多。"

这样的人往往会失去更多的利润，甚至到最后蚀本，而且亏损比例不一定只是10%，可能是20%、30%、40%，甚至可能亏损过半，这是股市里经常发生的事情。出现较大比例的亏损，对今后的操作是非常不利的。

我们来做个简单的算术分析（这里先不考虑必然要支付的券商交易佣金和印花税等成本）：一个人拿5万元炒股，如果第一年上半年遇上一波牛市，让他持有的股票市值最高达到10万元，盈利5万元。到下半年牛市转熊，过了一个月，10万元市值还剩8万元，盈利还有3万元，但是他心态失衡，只会觉得"盈利只剩3万元了"，为了看到股票市值再度冲上10万元大关，又盲目买进卖出，频繁操作到12月，一度还有8万元的资金账户只剩下3万元了。

一年时间，他就从盈利100%变成了亏损40%。他若要再次赚回自己的本金，就要赚2万元才能达到目标，也就是说必须用3万元盈利66.67%。就算他再追加5万元投资，用8万元也要盈利25%才能回本。一旦出现了较大亏损，除非真能重新追加原先几倍的本金（对普通人来说这很困难），不然哪怕愿意继续留在股市炒股票，也等于先背上了一个大包袱。

如果你在一开始能设定一个切实的收益目标，希望第一年能从股市赚到10%的利润，那么在赶上一波牛市，提前达到这个目标的时候，就可以将股票卖掉兑现，实现第一年的目标。然后以110%的资金量开始下一阶段的操作，让自己处在"进可攻，退可守"的位置。

如果股市行情仍然很好，你自然可以趁大涨的时候赚到更多的利润。只要记得自己最初定下的目标，就有可能在牛转熊的阶段控制好自己，最终安全地盈利离场，静下心来等待下一次进场的机会。

因此，在正式进入股市之前，先设定一个切实合理的收益目标，虽然这并不能保证你每一次交易都能盈利或者每一年都能从股市赚到钱，但是起码能保证在进入第二阶段的时候，你能拥有更好的资金基础和较为平和的心态。

1.1.4 你能承受多少损失

你能承受多少损失，这是一个对任何股民来说都不太愉快，但必须去面对的问题。没有人进股市炒股票是为了亏损，但是在股市，**亏损就像生活中遇到的伤病一样，不可避免，且概率较大**。其实哪怕去银行买最保守的保本型理财产品，在**理论上仍然有亏损的可能性**，所以无论是进入股市买股票，还是去银行购买理财产品（去实体店和网上营业厅都一样），工作人员或者电子系统提供的例行调查表里肯定会问你这样一个问题：你能承受多少亏损？

《射雕英雄传》中有这么一段话："武术中有言道'**未学打人，先学挨打**'，初练粗浅功夫，必须由师父传授怎么挨打而不受重伤，到了武功精深之时，就得研习护身保命、解穴救伤、接骨疗毒等诸般法门。须知强中更有强中手，任你武功盖世，也难保没失手的日子。"

这段话讲述的道理和金融机构问你那个问题的用意其实是相通的。哪怕是巴菲特、索罗斯这样的**世界级投资大师**，在充满变数的股票市场里**一样会有失误**亏损的时候，更不用说散户了。你在进入股市买卖股票之前，可以树立排除万难、一定要盈利的决心，但同时一定要做好承受亏损的心理准备，对可能发生的亏损，最好也能去设置一个具体比例。

在进股市前设定一个心理上能承受的亏损比例，**不代表你的亏损达到这个比例之后就一定能扭亏为盈，而是说亏到这种程度以后，应该认真考虑下一步该何去何从了**。

实话实说，入市以后想要收手就此退出不容易，但是在**亏到一定比例**，比方说20%或者30%时**退出未尝不是一种现实的选择**。在1.1.3小节已经举过例子，现在假设你投入5万元资金炒股，亏损20%的时候，还有4万元资金，如果不追加投资，用这4万元就需要盈利25%才能弥补之前的亏损。哪怕这时还能追加投入2万元余钱，也需要盈利16.7%才可以弥补之前的亏损。

如果你觉得之前的操作已经让你身心俱疲，这个亏损的包袱让你喘不过气来，那么把钱从资金账户取出来，或者干脆注销账户，不再炒股票，落得一身轻松也好。

炒股不是生活的全部，亏损的1万元可以用其他方式赚回来，就好像武林中人与对手比武较量受伤之后，可以选择就此退出江湖纷争，重新开始另一种生活。离开刀光剑影，不再有比武受伤的可能，反而能早日恢复元气，这也是一种正确的选择。**哪怕你炒股失败也不等于你的人生就只会失败，也许你做其他事情可以成功，那么把炒股的精力和时间放在你更擅长的事情上去，在其他领域争取成功也很好。**

如果你觉得要靠自己扭亏为盈负担太重，也不想继续投入那么多精力和时间在股票上面，但是又不甘心在股市的投资以亏损结束，那么可以选择将**直接炒股**改成**间接炒股**，即购买公募的股票基金、混合基金或者指数基金（本书所说的基金，除非特别注明，指的就是这三类以股票投资为主的基金，不包括债券型基金和货币型基金）。

基金投资与股票投资有关联，但也有明显差别，但基金投资与本书的主题无关，在此就不详细展开了。你可以去查找任意一只基金，然后将这只基金的同期盈亏率与你的同期投资收益率和上证综合指数的涨跌比率比较一下，结果大概率就是哪怕这三个数字都是负数，基金的同期亏损率都是最少的，甚至会出现一个让人生气的结果——你亏损不少，指数也跌了，但比你的亏损少，而基金的收益率反而是正数——盈利了。

在这个时候，你先放下所有的气恼、郁闷和不甘心，正视现实——**这是一个很合理的结果：基金管理公司是由金融投资界的业内人士组成的专业团队**，你只是势单力薄的散户，资金量、操盘经验、信息收集和分析能力等各方面都不是一个等级的，基金的业绩比你好有什么不能接受的呢？当然基金经理一样会看走眼选错股票，也会亏钱，可这仍然不会改变**他更专业**这个事实。

你炒股亏了钱，觉得要靠自己翻身力不从心，大可以用剩余的资金去买基金，将钱交给专业的操盘手去操作，耐心等上一段时间大概率能够扭亏为盈，而且**不用天天盯着股市行情，患得患失**。

如果你认为今后可以靠自己扭亏为盈的话，当然可以继续亲手炒股，但是**在重新买股票之前，最好先把心态放平**，总结一下之前实际操盘的得失教训，尽量先弄懂需要学习的操作技巧和方法。在追加投资的余钱到位以后，调整好心态，尽量放下包袱，重新去炒股，那么即使不能保证今后一定盈利，业绩大概率也会比第一阶段好。

最后，千万记住，无论炒股是盈利还是亏损，**绝对不要举债炒股**。融资炒股是专业人士或者拥有大资金的人才能做的事情，普通散户尽量不要碰，尤其是**初入股市的投资者绝对不能碰**！融资举债固然可以扩大炒股的资金量，但同时会背上债务利息的包袱，哪怕可以放大预期收益，但同时也在放大亏损的风险。这句话无论重复多少次都不算多：**风险和收益永远是成正比的，而忽视风险的后果往往是灾难性的**。

我在这里仍然举例作一下简单的算术分析：一个人用 5 万元去炒股，在取得 40% 的收益之后，盈利 2 万元，资金总量就达到 7 万元。他觉得如果资金量更大的话就能赚更多，却没有余钱可以买入更多的股票，于是他以年利率 10% 的利息借了 7 万元。这样他就有 14 万元的资金去炒股，但请注意，一年他就要还 7000 元的利息。

一旦他将这 14 万元全部买了股票，如果判断失误，或者股市突然由牛转熊，一个月内亏损 15% 是完全有可能的。14 万元的 15% 就是 2.1 万元，不但将原先的 2 万元盈利全都抹了个干净，还亏了 1000 元，哪怕可以提前还款，这一个月也要还 583 元的利息。

如果他不借债，仍然用自有资金操作，7 万元亏损 15%，原有的 2 万元盈利固然损失了一半以上，但减去 1.05 万元，还有 9500 元的盈利。正因为**借债炒股，放大了亏损额**，让第二波操作后本来还能留下的原始本金 19% 的收益，变成了超过原始本金 3% 的**亏损**，而且**债务一天不还，利息损失就要继续增加**。亏损后借债想要翻身，却亏得更多，最终会出现何种局面，就不用我多说了。

亏损本来就容易让人心态失衡，债务更会让这种失衡加剧，**一个人在这种双重失衡的心态下继续炒股，几乎都会陷入恶性循环，越亏**

越多，甚至债台高筑。这绝不是危言耸听，炒股炒到倾家荡产的事例尽管不多见，但还是会不时出现，究其原因，几乎无一例外都是因为负债炒股放大风险，造成自有本金亏光，仍有大量债务未能偿还。你用来炒股票的钱必须是你的**余钱**——不会影响你日常生活的一笔钱，这一点我不仅在正文开篇就指出过，而且在下文也会时不时地强调。

1.1.5 炒股能不能当职业

看了前几节，你应该已经有了这个问题的答案：对绝大多数普通人来说，炒股只能当副业、当兼职，拿炒股来当正职工作是不切实际的。

股市新手的资金量基本都不大，即使一开始有100万元的资金可以用来炒股，如果完全脱产去炒股票，而没有其他收入来源的话，哪怕第一年成功实现10%的盈利，也只有10万元的收入。中国还没有开征资本利得税，意味着这10万元不用交税，就是纯收入，但也是仅有的收入。

就算在炒股之前，为第一年留足了用于日常开销的钱，那么第二年怎么办？即使你是单身，父母和祖辈老人都不用赡养，自己的一年日常开销仍然至少要数万元，这样一来，第一年的利润能用于在第二年继续投资股市的比例可能连一半都不到。第二年能继续盈利10%甚至更多固然最好，但股市毕竟风险较大，能保证一定可以做到吗？第二年利润减少，甚至都不够支撑一年的开销怎么办？可能需要抽出一部分本金来维持生活，这样继续购买股票的本金就少于100万元了，而且可能要在一段时间内坐吃山空。

如果是做实体生意，一家店铺或者一家小企业的资金周转状况如果是这样的话，店铺或企业还要继续经营下去吗？100个人里，至少有90个人的回答是："不要！"

能拿炒股当职业的人只有两种：一种就是在投资基金公司、证券公司、保险公司等投资机构里上班的操盘手，另一种是在经过股市多年的风雨历练后，证明自己能够长期成为股市赢家的那些人。刚开始学习炒股票的你，如果有拿炒股当职业的梦想肯定是好事，将来有可能会进入这两种人的行列，但那终究是将来的事情。先做好你的本职工作，给日常生活托好底，炒股当一份兼职——有风险的兼职。这样脚踏实地，才会拥有让梦想成真的机会。

1.2 股票和股市的基础知识

股市如江湖，入市有风险。在正式进入股市这个江湖之前，除了要做好应对风险的心理准备之外，还必须先了解一些基本的江湖知识和规矩。这就是说，进入股市前，要先了解一些与股票和股市相关的基础知识和规则。

1.2.1 什么是股票

股票最基本的定义就是股份制有限公司发行的凭证。这个定义有3个关键词：**股份制、有限公司、凭证**。

即使你从来不接触股票，在生活中也大概率会接触"有限公司"

这个词。公司是怎么回事就不用我多说了，"有限"指的是公司的出资人按照出资份额对公司的债务承担"有限责任"。

例如，一家有限责任公司一共有 10 名股东，注册资本 100 万元，某股东占 10% 的股份，那么他需要缴纳 10 万元资本。在他如数缴纳这笔资本金以后，这 10 万元资本就成为公司全部资本的一部分，和其他股东的资本一起由公司来运作，对公司承担的债务负有偿还责任。

这位股东对公司的债务没有直接责任，公司的债权人不能直接要求这位股东来偿还公司欠下的债务，只能向他缴纳资本的那家公司提出偿还要求。这位股东对公司的债务承担的间接责任就以 10 万元认股资金为限，承担有限责任。和这位股东一起出资的其他股东也以各自的认股资金份额为限，对公司的债务承担有限责任。

要注意的一点是，这个例子中的有限责任公司的 10 名股东中每位所占的公司股份不一定都是 10% 的比例。公司的股份也没有明确等分为每股 100 元的 1 万股股份，股东是直接按照约定的出资比例，而不是按照认购的股份向公司缴纳资本。有限责任公司的股东人数是有上限的，根据《中华人民共和国公司法》的规定，股东人数不得超过 50 人。

股份有限公司的股东和有限责任公司一样，以向公司缴纳的资本为限对公司承担间接责任，但是公司的资本是由股份组成的，如果这家公司将公司的 100 万元资本分为 1 万股，每股 100 元，由 2 人以上 200 人以下的人发起成立这家公司，每位股东都认购若干股份，根据认购的股份数量为限对公司承担责任，那么这家公司就是股份有限公司。

这家股份有限公司提供给股东的，证明股东持有这家公司股份的凭证，就是这家公司的股票。如果股票的票面价值与每股实缴资本相等，股票的面值就是100元。那么问题来了，能在股市买到这家公司的股票吗？答案是，现在肯定不能。因为只有上市公司的股票才能在股市中进行交易，实际上不是所有的股份有限公司都是上市公司。

上文所说的这家股份有限公司，如果长期运营良好，连年盈利，吸引更多股东增资扩股，让公司股本总额达到证券交易所的规定数额，再将原先面值为100元的股票细分100份，让每股面值变为1元，那么在经过一系列手续审核，证明条件都合格之后，就可以上市交易。你就能在股市买到这家公司的股票了。

如果你购买了一家上市公司的股票，无论购买了多少份额，在持股的那段时间内，你就是这家上市公司的股东，需要对这家公司的债务承担有限责任。上市公司每股需要承担的责任以这一股的出资份额（即每股资本金）为限。

最坏的情况是，一家上市公司不仅将资本金亏完，甚至会因为负债，资本金变成负值。在这种情况下，即使你还是这家公司的股东，也不用担心债主会上门追债，因为股东对该公司只负有限责任。反映在股价上，就是股价最低只能跌到0，而不会跌成负数。

1.2.2 什么是股市

平时听到的"股市"两个字，就是"股票交易市场"的简称。在当今的信息化时代，股市包括有形的线下实体交易场所和无形的线上电子交易平台，同时也是线上和线下所有股票交易行为的总称。

第1章　入市前的准备

股票是有价证券的一种，有价证券还包括债券、认股权证等，交易有价证券的市场就是证券市场。因为股票在证券市场的交易量和交易金额最大，所以人们往往用"股市"两个字来称呼整个证券市场。这就像我们在日常生活中用"菜市场"来指代农贸市场（除了买卖蔬菜外，同时也交易粮食、水果和肉类等农产品）一样，不是很严谨的说法。

和其他任何商品市场一样，证券市场也有多个不同的参与主体。可以用连锁超市来和证券市场做个类比：

超市由一个具体的政府部门——工商行政管理局主管，证券市场也由一个具体的政府部门——证券监督管理委员会（简称证监会）主管。

经营超市的主体一般是专门经营超市业务的企业，人们通常所说的"超市"其实是这家企业在某社区的具体营业场所。专门经营证券业务的企业就是证券公司，接待投资者开户，提供具体场所供投资者买卖证券的其实是证券公司在某个社区设置的具体营业场所，即营业部。

超市要营业，除了拥有营业场所和员工之外，必须要有货源，要有供应商供货。每家经营超市业务的企业都会各自寻找多家供货商，每家供货商也可以直接与多家经营超市的企业合作开展业务。这一点证券公司与超市有明显区别。证券公司营业当然也需要货源——包括股票在内的各种证券，而**它们的供应商——上市公司必须先在证券交易所上市**。

1.2.3 证券交易所和证券代码

证券交易所是为证券集中交易提供场所和设施，组织和监督证券交易，实行自律管理的法人。它在证券市场的角色就相当于让供货商（上市公司）与经销商（证券公司）集中交易的一个平台。

中国大陆目前有 3 家证券交易所：1990 年 11 月 26 日成立的上海证券交易所（简称**上交所**），同年 12 月 1 日成立的深圳证券交易所（简称**深交所**），还有 2021 年 11 月 15 日成立的北京证券交易所（简称**北交所**）。截至 2021 年底，上交所上市公司超过 2000 家，深交所上市公司超过 2600 家。北交所是专门面向中小企业服务的证券交易所，成立时间很短，还是一个"新生儿"，截至 2022 年 2 月，上市公司数量还不足 100 家。

你在超市买东西要付款时，收银员需要扫描商品上的条形码。每种商品都有唯一的条形码，不会和其他商品搞混。证券交易所交易的各种证券也有类似的代码——证券代码，在证券交易所上市的所有证券包括股票、债券、认股权证和基金等，每一种都有独有的代码。

中国大陆的 3 家证券交易所的证券代码都是 6 位数字代码。本书讲述的是股票，这里就介绍一下股票的证券代码（简称股票代码）和相关的情况。北交所交易的股票代码有 4 开头的，如 430090 同辉信息；还有 8 开头的，如 836720 吉冈精密。在上交所交易的股票代码都是 6 开头的，如 600000 浦发银行。深交所交易的股票代码比较复杂：有 000 开头的，如 000858 五粮液；有 002 开头的，如 002100 天康生物；有 300 开头的，如 300750 宁德时代。

你或许要问，证券交易所的股票代码为什么会有区别，北交所和深交所内部的股票代码还有差别，到底有什么实际意义呢？这就要说到股票市场分类的问题。新老股民肯定都听说过或者看到过股票市场**分为一板（主板）、中小板、二板（创业板）、科创板和三板（新三板）这么几个市场**，通过股票代码的开头第 1～3 位数字可以识别该股票属于哪个市场。

代码以 60 开头的股票（从上交所上市）和以 000、001 开头的股票（从深交所上市）都属于主板市场。代码以 002 开头的股票（从深交所上市）就属于中小板市场。中小板从 2004 年起在深交所上市交易。之所以称为"中小板"，是因为在这个市场发行股票的上市公司流通盘（流通股数量）低于 1 亿股，但是上市条件和在主板上市没有区别。

中小板是中国大陆股市在推出二板（创业板）之前在主板市场推出的一种过渡性市场，实际上仍然属于主板市场。2021 年 2 月，中国证监会已经正式批准深交所将其主板和中小板市场合并。代码以 300 开头的股票（深交所上市），就是真正意义上的二板市场的股票。二板是相对于主板而言的，正式名称就是创业板。在创业板上市的门槛明显比主板要低，可以让无法满足主板市场上市条件的中小型公司上市，解决融资问题。2009 年 10 月 30 日，创业板市场正式开市。

股份制公司（发行人）在主板和创业板上市的财务要求有以下区别。

（1）在主板上市，发行前股本总额不能少于人民币 3000 万元（上交所不能少于人民币 5000 万元）；在创业板上市，发行后股本总额不低于人民币 3000 万元。

（2）在主板上市，最近三个会计年度均为盈利，最近三年净利润累计超过人民币 3000 万元；最近三个会计年度经营活动产生的现金流量净额累计超过人民币 5000 万元，或者最近三个会计年度营业收入累计超过人民币 3 亿元。

在创业板上市，最近两个会计年度均为盈利，最近两年净利润累计不少于人民币 1000 万元，且持续增长；或者最近一个会计年度盈利，且净利润不少于 500 万元，最近一年营业收入不少于人民币 5000 万元，最近两年营业收入增长率均不低于 30%。净利润以扣除非经常性损益前后较低的数字为计算依据。

从上述条件可以看出，在创业板上市的公司需要满足的总股本、营业收入、盈利年限和净利润数额的要求都较低，但是必须满足最近两年净利润持续增长或营业收入持续增长的要求，保证其**成长性**，而在主板上市，对于营业收入的增长率并没有具体要求。简而言之，法律和监管部门对主板上市公司的经营要求偏重于**稳健**，而对创业板上市公司的经营要求更侧重于**成长性**。

代码由 688 开头的股票（上交所上市，如安旭生物的代码就是 688075）属于科创板。你或许要问，科创板和创业板有什么区别呢？简单来说，创业板的上市门槛比主板低，而科创板的上市门槛更低一些。在科创板上市的是符合国家高新技术产业、战略新兴产业发展要求的企业，包括新一代信息技术、新材料、新能源、节能环保和生物医药等企业。

前文已经提过在创业板上市的公司需要满足一定的财务条件，营业收入和盈利水平都要满足一定的要求，至少在财务上要达到最近一年净利润不少于人民币 500 万元、营业收入不少于人民币 5000 万元，且最近两年营业收入增长率均不低于 30% 的要求。而在科创板上市的公司，不是一定要满足盈利要求，而是以上市后的预估市值为基础，满足下列五项**标准**中的一项即可。

（1）预估市值不低于人民币 10 亿元，最近两年盈利，且累计净利润不低于人民币 5000 万元；或者预估市值不低于人民币 10 亿元，最近一年盈利，且营业收入不低于人民币 1 亿元。

（2）预估市值不低于人民币 15 亿元，最近一年营业收入不低于人民币 2 亿元，且最近三年累计研发投入占最近三年累计营业收入的比例不低于 15%。

（3）预估市值不低于人民币 20 亿元，最近一年营业收入不低于人民币 3 亿元，且最近三年经营活动产生的现金流量净额累计不低于人民币 1 亿元。

（4）预估市值不低于人民币 30 亿元，且最近一年营业收入不低于人民币 3 亿元。

（5）预估市值不低于人民币 40 亿元，主要业务或产品需经国家有关部门批准，市场空间大，目前已取得阶段性成果。医药行业企业需至少有一项核心产品获准开展二期临床试验，其他符合科创板定位的企业需具备明显的技术优势并满足相应条件。

可以看出，打算在科创板上市的公司如果预估市值达到人民币 15 亿元以上的话，哪怕最近一年没有盈利也可以上市。在创业板上市的公司则至少需要满足最近一年的净利润要达到人民币 500 万元的条件。相关法律法规对科创板上市公司经营和财务的要求明显比创业板低。

代码以 4 和 8 开头的股票（北交所上市）都属于三板市场。为什么同为三板市场的股票，在同一证券交易所上市，股票代码的第一位数字会有区别呢？这就要简单地谈一下三板的历史。

1990 年上交所和深交所的主板市场成立后，那些不具备上市条件的公司其股份同样有上市流通的需求，不久后两家国字号机构（中国证券市场研究中心和中国证券交易系统有限公司）和地方政府就组织了两个交易系统和许多场外交易市场，让非上市公司的股票和认股权证可以交易，后来在 1997—1998 年亚洲金融风暴的大背景之下，这些场外交易系统和市场就被迫关闭了。

2001 年，中国证券业协会推出了代办股份转让系统，让原先在两个国字号机构交易系统（STAQ 系统和 NET 系统）挂牌的不具备上市条件的公司，以及从上交所和深交所主板股市退市的公司能够在这个新系统交易。2001 年 7 月 16 日，这个在当时被称为"三板"的代办股份转让系统正式成立。概括来说，最早的三板是一个用于解决历史遗留问题的场外交易市场，进入三板的公司普遍资产质量较差，实际上只能交易无法融资，所以三板也曾被戏称为"垃圾股收容站"。

2006 年 1 月，中关村科技园区的非上市股份有限公司股份报价转让系统正式推出，进行股份报价转让试点。这个同样交易非上市公司股份的系统也属于三板，但主要是为了让暂时达不到在主板和创业板上市要求的高新技术成长企业的股份能够实现交易，进入这个系统交易的股份公司其资产质量和成长性都比原先进入三板的公司好。为了加以区分，原先的三板被通称为"老三板"，中关村园区试点的报价转让系统被称为"新三板"。

2012年，证监会经国务院批准，开始扩大非上市股份公司转让试点。2013年1月，全国中小企业股份转让系统正式揭牌运营。同年6月，根据国务院常务会议的决定，全国股份转让系统试点扩大到全国。这个真正覆盖全国的"全国中小企业股份转让系统"吸收了原先的老三板"代办股份转让系统"和新三板"报价转让系统"的挂牌公司。这个新系统仍沿用"新三板"的简称，而"老三板"就此成为一个历史名词。

截至2021年底，新三板挂牌公司超过7300家，比上交所和深交所主板、二板和科创板市场4600多家上市公司的总和还要多出大约60%。新三板的挂牌公司实行分层管理，1%属于精选层，17%属于创新层，82%属于基础层。

2021年11月15日，北交所首批上市公司共81家，其中10家是新上市公司，另外71家就是从新三板精选层直接平移到北交所上市的。由上文可知，新三板是由多个不同时期成立的不同交易系统（包括老三板）不断合并扩充而成的，挂牌公司数量很多。原新三板精选层公司直到在北交所上市交易都一直沿用最早使用的旧交易系统的代码，所以虽然同属三板的北交所上市公司，大多数公司使用以8开头的股票代码，但仍有少数几家公司使用以4开头的股票代码。

三板公司在北交所上市，财务方面同样需要满足一些条件，与科创板上市公司类似的不是一定要满足盈利要求，而是以上市后的预估市值为基础，满足若干标准中的一项即可，标准相对更低。

（1）预估市值不低于人民币2亿元，最近两年净利润均不低于人民币1500万元且平均净资产收益率不低于8%，或者最近一年净利润不低于人民币2500万元且平均净资产收益率不低于8%。

（2）预估市值不低于人民币 4 亿元，最近两年营业收入平均不低于人民币 1 亿元，且最近一年营业收入增长率不低于 30%，最近一年经营活动产生的现金流量净额为正。

（3）预估市值不低于人民币 8 亿元，最近一年营业收入不低于人民币 2 亿元，最近两年的研发总投入占最近两年总营业收入的比例都不低于 8%。

（4）预估市值不低于人民币 15 亿元，最近两年的研发总投入不低于人民币 5000 万元。

因为北交所的上市公司属于新三板挂牌公司的精选层，所以要想在北交所上市的公司必须先在新三板挂牌，在基础层和创新层累计满 12 个月才能申请进入北交所上市。这也是一家股份有限公司在三板市场的北交所上市必须满足的一个先决条件。另外，要想在北交所上市的公司所在行业，不能是金融行业、抵偿行业、产能过剩行业、淘汰类行业和教育培训类行业。

至此，中国大陆三大证券交易所的概况，三大交易所上市交易股票的不同代码和股份公司在不同交易所不同市场上市需要满足的一些基本条件都已介绍完毕。另外补充一些内容：以上所说的已经在证券交易所上市交易的股票所形成的市场，就是人们常说的"**二级市场**"。在启用股票代码进行交易之前，一家新上市公司发行股票第一次出售给最初的购买者（包括机构和个人）所形成的市场就是股票市场的"**一级市场**"。

在中国大陆，统一由证券公司（经营包括股票在内的证券商品的"超市"）以承购包销的方式承销新上市公司发行的所有新股，将新股出售给线下（机构专用的"批发"渠道）的购买者和线上（向所有机构和个人购买者开放的"零售"渠道）的购买者。证券公司扣除自己的承销服务费用后，余下的预定的全部新股认购资金由发行股票的上市公司获得。

目前深交所和北交所对在一级市场新发行的和在二级市场已上市的股票代码已不进行区分，而上交所的新股申购的和已上市股票代码的开头数字则是有区别的。例如，在上交所主板市场新发行的某股票在一级市场的申购代码前三位数字是780，进入二级市场交易的代码前三位数字就是601。

1.2.4 股票指数是怎么回事

留意股市新闻的读者想必都听过上交所的上证指数和深交所的深证成指（北交所刚成立不久，目前还没有自己的指数），那么这些指数到底是怎么回事呢？

股票指数又称股市指数，全称是股票价格指数，是由证券交易所或者其他金融服务机构编制出来的，用于表明股票行情变动的一种可供参考的指示数字，可用以反映整个股票市场上各种股票市价的总体水平，以及股价总体水平变化情况。有些指数可用于开发诸如指数期货之类的金融衍生产品，这些产品供机构和资金实力较为雄厚的个人投资者用于避险、套期保值和投机获利。

证交所或者其他金融服务机构会根据几种不同的计算方法来计算不同的股票价格指数，普通股民并没有必要深入了解和研究，只需要知道这些机构会选定某个时间点为指数的基数（最早数字），然后指数会随着每天的股价波动随行就市地变化，指数在一段时间内的涨跌，能让你了解股票市价的总体涨跌情况，在你持有或者观察某只股票时当作比较或参考的对象即可。

中国大陆股市最具代表性的指数是上交所综合指数（简称**上证指数**），该指数以 1990 年 12 月 19 日为基准日，将这一天的指数定为 100 点。2022 年 1 月 10 日，当天的交易时间结束（收盘）时，指数为 3593.52 点；2022 年 1 月 11 日，当天的交易结束时，上证指数为 3567.44 点，那么当天上证指数就比前一天下跌了 26.08 点，下跌幅度为 26.08/3593.52=0.73%。

如果你已经购买了在上交所上市的一只股票（也称个股），它在同一天的下跌幅度比上证指数更大，那就说明它当天的走势比市场整体（大盘）更弱。反之，如果购买的股票当天的下跌幅度比指数更小，甚至没有下跌，反而上涨，那么这只股票当天的走势就比**大盘更强**。其他指数的情况以此类推，大同小异。

1.2.5 牛市和熊市

说完股票指数以后，正好可以谈谈大家经常听到的另外两个股市相关的名词：牛市和熊市。

这里先提一下股市报道里常见的两个词：多头和空头。在股市，如果一个人估计今后一段时间内某只或某些个股会上涨，就先买进一定量的股票，想要等到股价上涨后再卖出，从而赚取差价获利。这种操作需要先买进，在卖出之前手里就多了一定量的股票，所以被称为"多头"。这种先买后卖的操作方式也被称为"做多"。

如果一个人估计今后一段时间内某只或某些个股会下跌，就先向拥有股票的证券公司借一定量的股票卖出，想要等到股价下跌后再买入，从而赚取差价获利。这种操作需要先卖出，在卖出股票到买回或补进股票之前，手中其实没有属于他自己的股票，所以被称为"空头"。这种先卖后买的操作方式也被称为"做空"。

空头交易者必须先向证券公司借到一定数量的股票才能做空，这种向证券公司借股票的操作方式被称为"融券"，所以只有在证券公司能够经营融券业务的前提下才能做空。由于中国大陆从2010年开始才让证券公司经营融券业务，在此之前不存在真正意义上的做空，所以也就没有空头。但是2010年以前，媒体报道中多使用"多方"泛指股票的买入者，"做多"泛指买入股票的操作，"空方"泛指股票的卖出者，"做空"泛指卖出股票的操作，并且沿用至今。

人们常用牛市来形容多头市场（长期上涨行情），用熊市来形容空头市场（长期下跌行情）。据说这样的说法源自牛和熊在攻击对手时的不同发力方式：牛攻击对手时，往往直接向前冲，用角抵住对方，自下向上发力去顶撞；而熊攻击对手时，往往是用熊掌从上往下拍打。下面介绍牛市和熊市的特征以及交易者在这两种不同市场行情中的基本操作策略。

牛市的正式名称是多头市场，是指股价长期呈现上涨趋势的行情。牛市行情中，股市的绝大多数股票的总趋势是持续震荡走高，特征是大涨小跌，虽然也会出现下跌，但总趋势是股价一波比一波高，买入者（多头）多于卖出者（空头），股市赚钱效应明显，能吸引大量人气，新开户炒股的人数不断增加，新资金也源源不断地涌入股市。

当出现牛市行情时，交易者的基本操作策略应当是**尽量避免频繁买进卖出，持股待涨即可**。简单来说，遇到牛市，大部分股民可以"躺赢"。

熊市的正式名称是空头市场，是指股价长期呈现下跌趋势的行情。熊市行情中，股市的绝大多数股票的总趋势是持续震荡下跌，虽然也会出现反弹，但总趋势是股价一波比一波低，绝大多数人——哪怕是世界级投资大师也都会亏损。

在熊市时，虽然可以利用做空机制进行融券做空达到盈利的目的，但是这对资金门槛、专业技术和操作技能的要求都相当高，隐藏的巨大风险不是普通交易者，尤其是股市新手能够承受的。普通交易者在熊市中最好按兵不动，在将持有的股票抛出后，**不要轻易再次进场，耐心等待趋势的转变**才是最好的基本操作策略。

2005年6月到2022年初，中国股市经历过一轮大牛市和两轮小牛市。第一波牛市为2005年6月到2007年10月，其间，上证指数从998.23点涨至6124.04点，涨幅超过5倍，是一轮大牛市。截至2022年2月，再没有见过这个历史最高点。

从2007年10月到2008年10月，上证指数在一年的时间里从历史最高点一路下跌到1664.93点，跌幅超过70%，是一轮名副其实的大熊市。然后上证指数又开始上升，在2009年8月初涨到3478.01点，9个月左右的时间里涨幅超过100%，算是一轮小牛市。

此后中国股市的趋势再度常年向下，直到2013年6月下旬见到1849.65点的最低点。持续了将近4年的熊市，终于又迎来一波指数翻倍的行情，这一次到2015年6月中旬见到5178.19的高点，近两年的时间里涨幅约为180%。接着又是一轮漫长的熊市，2019年1月初见到这轮下跌的最低点2440.91点，超过3年半的长期下跌，跌幅超过50%。

再后来就是新一轮震荡期，迄今为止超过3年，股市最高在2021年2月中旬达到3731.69的高点，最高涨幅不超过53%，究竟以后是牛是熊，现在谁也说不准。

我在2001年入市，最初几年资金量很少，一直在慢慢摸索炒股的方法，没大赚也没大赔过，不提也罢。2005年，我赶上了那一轮近20年涨幅最大的牛市，一开始还没察觉到牛市来临，仍是只有几个百分点的小赚或小赔时就卖出股票。

到了2006年下半年，我发现股市一直在涨，股票型基金也在源源不断地发行，就开始长期持股了。那段时间是我在股市最舒服的日子，手里的几只重仓股最少的涨了1倍，最多的涨了3倍，陆续投入的资金最终赚了1倍多。

当时的我觉得股票其实也没什么大不了的，完全忘记了前几年做股票毫无成绩的状况，在单位里俨然以股票专家自居。结果现实狠狠抽了我一耳光，2007年6、7月间，股指从最高的4335.96点一度急跌到3404.15点，看到股市大面积跌停后，我就将手中的所有股票都抛掉了。

当时我已将相当于本金一倍的利润兑现了，但股市很快就从3400点左右开始这轮行情的最后一波上涨。我再一次重新买股票入市，结果在这轮牛市的最后4个月时间里，虽然有许多股票翻番，但我买入的股票却没有任何一只再赚哪怕20%，反而将原来的利润赔进去一些。

2007年和2008年之交，我又罔顾大盘技术形态上非常明显的见顶信号，盲目相信当时"上证指数会看到8000点"的传言。几个月后，上证指数跌破了4000点，我的股票账面利润已经所剩无几，但那时候如果及时离场，总结经验教训，还是能够以一个比较好的基础等待新一轮行情，重新出发的。偏偏我只觉得不甘心，想要证明之前能赚一倍多不只是运气好，结果不久连本金都亏了10%以上。这时候我终于知道怕了，总算及时离场，避过了那一轮惨烈熊市最后几个月的下跌。

后来我矫枉过正。当时股市已经明显下跌过头，大概率应该会重新上涨，连我的家人都开始重新部署买股票了，我却不敢再买股票，错过了2008年10月开始的那波小牛市的大部分行情，一直到最后两个月才恍然大悟，一波操作补回了之前的亏空。

这时，我不甘心的老毛病又犯了，觉得错过小牛市的大部分行情太可惜了，既然亏空全补足了，完全可以继续乘胜追击，又无视了小牛市已经进入尾声的种种迹象，甚至认为中国股市从此可以告别牛短熊长，进入牛长熊短的时代了。不出意外，我再度面临亏损。

2010年我换了工作，开始利用业余时间从事一直向往的写作事业，用于研究股票的时间少了很多，但又因为手里的股票还处于亏损状态，不愿就此认输，只能继续亏损下去。

两年后，我离开了生活多年的城市，辞了工作，带着所有积蓄到另一座城市专心从事写作事业。生活的重大变化让我仅有的积蓄再也经不起折腾，于是我暂时告别了股市，甚至连股票型基金都不敢碰，只买安全的货币型基金和少量的债券型基金。

从 2012 年夏季到 2014 年底，我没有再买过哪怕一手股票，也很少关注股市行情。2015 年春节，我回家探亲时，家人说那段时间股市的行情比较好，希望我也能赚一笔，一个人在外地，手头也好宽裕一些。于是我将部分余钱重新投入股市，赶上了那波小牛市的后半段，这次大约赚了 30%。

2015 年 6 月，上证指数涨到那一轮小牛市的高点 5178.19 点，这也是从 2008 年 1 月 22 日以来 7 年多的最高点。这段时间里，又出现了这轮牛市必创新高的传言，我却不由得警觉起来，想起了当年的教训，开始逐渐减持手里的股票，只留有一只因为当时停牌没有卖出的股票。

事实证明，我的判断是正确的，虽然那只暂时停牌的股票连续跌停后也有稍许反弹，却也让这波行情赚到的利润损失了一半，庆幸的是，我仍然能带着 15% 左右的利润全身而退。这次的教训是，如果我在那一轮小牛市到达高点之前警惕性更高一些，在那只已经预告可能会停牌的股票上投资更少一些，这一轮的业绩还会更好看一些。

之后的一年多，我没有再买过股票，直到 2017 年下半年才重新入市。然而 2018 年那一年，我又遇到了一次不大不小的挫折。2017 年底，写作事业已经比较稳定，我本以为下一年出版社仍然能保持过去的进度，及时结算稿酬，就将原先购买的大部分货币基金变现去买了股票。

如果我依然有进项能应付日常开支的话，将手头的大部分余钱都用来买股票还不会造成多大影响。偏偏 2018 年合作的出版机构集体进度不佳，这一年没能收到一分钱稿酬，但房租等日常开支却不等人。

2018年上半年的股市行情不佳，出版社传来的消息让我做好了全年都没有收入的准备。我的现金和少量货币型基金几乎要耗尽了，只得将当时亏损的股票卖了一部分套现。这样一来，我持有的股票本身就有浮动亏损，而为了应付下半年的日常开销，将部分股票变现就让账面亏损变成了实际亏损。

当时我无法继续补充资金去买股票以弥补亏损，也一直秉持着**不能举债炒股**的原则，就靠着手中持有的股票进行"极限操作"，一心想要追逐强势股早日弥补亏损，结果心态越来越差，此后一年的亏损超过了20%。

我之所以在重新开始做股票以后再度出现较大的亏损，正是因为我的日常收入出现了问题，影响了做股票的心态，造成了负面影响。我从1.1节开始就反复强调，用来买股票的钱必须是日常生活中一段时间里用不到的余钱，就是为了避免出现这种情况。这里再详细补充一下：如果你和我一样都不是按月领工资、日常收入并不稳定的自由职业者，积蓄除了应付近期日常开销的那部分钱之外，还要留下能应付将来一年的生活准备金，剩下的部分才是能用于买股票的"余钱"。

2019年至今，中国股市开始了新一轮震荡向上的行情，我用了几个月的时间，等上半年的稿酬收入到位以后，重新总结了过去的经验教训，**坚持留足可供一年开销的生活准备金**，开始比较从容地做起了股票。一半资金用于间接投资股票——去买股票型和混合型基金，另一半资金用于直接投资买股票。

虽然2020年的前几个月，我为了财产安全，提前抛出了持有的医药股和医药类基金，少赚了一些钱，但是这两年半以来，直接或间接投资股市的资金，仍然每年都能获得10%左右的收益，不仅弥补了过去的所有亏损，而且略有盈利。哪怕今后中国股市依然牛短熊长，总是要经历长年的震荡期，我都有信心能够平安度过，每年至少取得平均10%左右的**复利增长率**。如果我的经验教训能够帮你少踩我过去踩过的坑，给你一些启发的话，那么写本书的目的就达到了。

1.2.6 其他常见术语

在本章前几节里，我们已经介绍了很多股票和股市术语，本节就再介绍其他的一些术语。

1. A股和B股

在上交所和深交所上市的以人民币计价的股票是A股；以外币计价的是B股，上交所的B股以美元计价，深交所的B股以港币计价。我没有美元和港币，从未做过B股，所以在本书里只讲A股，不过A股和B股毕竟都是中国股市的股票，基本的操作思路都是一样的。

2. 股价相关术语

（1）**竞价**。只要有过讨价还价经验的人都应该明白买入价、卖出价和成交价这样的概念，在此就不赘述了。股市的买卖双方是以证券交易所为中心来组织交易的，那么全中国的大量机构和数以亿计的散户要怎样确定买卖股票成交呢？其实就是所有股票的买方和卖方通过证券交易所的交易平台，在交易期间提出各自的报价和交易量进行投标，以价格优先、时间优先和数量（股票交易单位）优先的三原则，通过公开竞争的方式来确定成交，这就是竞价。

股市里最常见的竞价方式是连续竞价，三大交易所在每个交易日（每周一至周五为交易日，法定节假日休市）开盘交易的大部分时间里，即上午9：30—11：30，下午13：00—14：57都采取**连续竞价**方式交易；但是在开盘之前的9：15—9：25，收盘的14：57—15：00都采取**集合竞价**方式交易。另外，深交所创业板在开盘之前的集合竞价时间更长一些，为9：00—9：25。至于连续竞价和集合竞价的具体定义，我们在谈到具体交易的时候再介绍。

（2）开盘价。又称开市价，就是某只股票在证券交易所每个交易日开市时根据开盘前的集合竞价达成的第一笔交易的每股买卖成交价，如果集合竞价的结果没能产生成交价，那么就以开盘后连续竞价的第一笔交易的每股买卖成交价为开盘价。

（3）收盘价。又称收市价，就是某只股票在收盘15：00之前的3分钟以收盘集合竞价的方式，将这3分钟内所有交易（包括最后一笔交易）以成交量加权平均产生的价格。

这里举例解释一下什么是**加权平均**：不同的人根据自己的资金量能够买卖的股票数量是不同的，如果一笔交易成交价为10元/股，一共成交10000股，另一笔交易成交价为9.9元/股，一共成交3000股，再有一笔交易成交价为9.95元/股，一共成交1000股，那么这3笔交易的平均成交价格是多少呢？

仅仅用3笔交易的每股成交价之和除以3，即（10+9.9+9.95）÷3=9.95元/股，这样得出的平均数值就是**算术平均值**，但是因为每一笔成交的数量是不同的，仅仅将3笔交易的成交价简单相加得出一个算术平均值并不能反映全部 14000 股的平均成交价格，所以要将这 3 笔交易的成交价按照各自的成交量来**加权**算出一个能反映全部 14000 股平均成交价格的数值，即 10×10000+9.9×3000+9.95×1000=139650 元。

上面这个算式左边用于乘以每个被乘数（成交价）的乘数（成交量）就是与每个被乘数相对应的**权数**。我们为了得出 3 笔交易的总成交金额，将 3 笔交易各自的成交价乘以各自的成交量（**权数**），再将得出的 3 个数字加在一起求出上述算式右边的总数，这样的计算就是**加权**计算。然后用**加权**计算求出的总数除以 3 笔交易的成交量之和，得出能够反映 3 笔交易总成交量的平均成交价，即 139650÷（10000+3000+1000）=9.975 元/股（中国股市股票成交价保留两位小数，实际取值为 9.98），这样的计算就是**加权平均**。

（4）最高价。某只股票在指定的一段时间内的最高成交价，某个交易日的最高价即当日最高价，在有涨幅限制的条件下，当日最高价不会超过涨停价。

（5）最低价。某只股票在指定的一段时间内的最低成交价，某个交易日的最低价即当日最低价，在有跌幅限制的条件下，当日最低价不会超过跌停价。

（6）涨停板和跌停板。证券交易所为了抑制过度投机，防止市场的暴涨暴跌，规定的每天交易的股票以上一个交易日收盘价为基础上下波动的幅度。股票价格上涨到这个限制幅度的最高价就到达涨停价，通称为"涨停板"，下跌到这个限制幅度的最低价就到达跌停价，通称为"跌停板"。下面就简单介绍一下我国三大交易所对涨跌幅幅度的规定。

上交所和深交所主板市场现在对新股上市首日的涨跌幅规定：首日最大涨幅是发行价的44%，最大跌幅为发行价的36%。深交所对主板新股上市首日的上涨还设了临时停盘制度，新股开盘后比发行价上涨10%时，停盘30分钟；复盘后可以达到首日的最大涨幅。上交所主板的新股没有停盘限制，首日上市开盘即可直接达到44%的最大涨幅。股票上市的第二个交易日开始实施正负10%的涨跌幅限制。

深交所创业板市场和上交所科创板市场新股上市的第1~5个交易日不设涨跌幅限制，第6个交易日开始实施正负20%的涨跌幅限制。

北交所三板市场新股上市的第一天不设涨跌幅限制，第二个交易日开始实施正负30%的涨跌幅限制。

另外还有一种比较特殊的股票，沪深交易所的上市公司如果财务或其他状况出现问题，交易所就会对这类上市公司的股票进行特别处理，在股票名称面前加上ST两个字母（俗称戴帽），用来告知股民小心买卖。目前北交所还没有这样的股票。

概括来说，财务状况的问题就是一家上市公司连续两年亏损或每股净资产低于股票面值（即低于1元），这样交易所就要对这家公司的股票进行特别处理。其他状况出现的问题指的是因自然灾害、重大事故等因素导致上市公司的生产经营活动基本中止。

ST股的交易会实施正负5%的涨跌幅限制，直到进行了改善，名称前的ST字样才可以去掉（俗称摘帽），恢复正常涨跌幅限制。如果ST股连续亏损三年，根据规则就会在ST前再加一个"*"号，提示可能存在退市风险。

3. 交易行为和交易状态术语

（1）建仓。以市价新买入某只股票就是建仓。

（2）持仓。在买入某只股票后继续持有一段时间就是持仓。

（3）平仓。在股市里将持有的某只股票的部分股票卖掉就是将这部分股票平仓。

（4）清仓。在股市里将已经买入的某只股票全部卖掉就是将该股票清仓。

（5）止损。俗称割肉，我在前文说过，在买入股票之前最好设定一个可以承受的亏损比率，如果在买入某只股票后亏损达到了这个设定好的比率，及时将股票卖出，从而避免更多的亏损，这就是**止损**。

（6）套住。买入某只股票后，在持仓期间一直处于亏损状态，但一直没有到你设定的止损价格，或者股价跌破你设定的止损价格，但你仍然没有止损，而是继续持股，这种状态就是俗称的套住。

（7）解套。持有的某只股票在经历一段时间的亏损状态后重新上涨，股价回到你的成本价以上，就是俗称的解套。

4. 与交易和股价相关的各种术语

（1）手。你在看股市相关报道时，不时会看到成交"××手"的说法，这里说的"手"是买卖股票最小的委托和成交单位，我国股市以100股为1手，也就是说你通过证券公司或其他平台向交易所申请委托购买股票，至少要买1手，即100股。

有时因为上市公司送转股或配股增发,你的持股数量不能被100整除,即持股的零头凑不够一手。例如,你持有某只股票500股,上市公司每10股送3股,你的持股量就变成了650股,虽然可以将50股的零头委托交易卖出,但是委托买入的时候永远只能以一手(100股)为最小买入单位。

(2)成交量。成交量就是一段时间内成交的股票总手数,但是人们通常说的成交量也可以指成交金额。一个简单的算式是:成交金额=成交数量×成交均价,在现在的信息时代,这些计算都会由电脑搞定,不用你费神。在进行技术分析的时候,**成交量和成交金额是相当重要的参考指标**。

(3)换手率。在某一段时间内,股市里某只股票的买卖成交数量与流通股本的比率就是换手率。用算式表示就是:成交量÷流通股本×100%=换手率。简单来说,成交量与换手率反映的是个股和股市的交易活跃程度和交易中的资金规模。

(4)量比。这是一个衡量股票相对成交量的指标,是指股市开盘后平均每分钟的成交量与过去5个交易日平均每分钟成交量的比值。

(5)振幅。这是一个与股价有关的术语,是指某一段时间内股票的最高价减去最低价的数值,以及这个数值与股价的百分比。

(6)市盈率。是指股票市价与每股收益(盈利)的比值。

(7)市净率。就是股票市价与每股净资产的比值。**市盈率和市净率是在对上市公司进行基本面分析时使用的最常用的指标**,在第4章讲述基本面分析时,我们再详细展开。

（8）除权和复权。上市公司分红、送转配股后，会对股价进行**除权**。例如某只股价为 20 元的股票，上市公司在进行 10 送 6 股后，股价就要除以 1.6，即变为 12.5 元，名义股价虽然减少了 7.5 元，持股者实际上并没有损失，只是持有的股票数量增加了 60%。所以我们在用证券分析软件观察和分析股价在除权前后的走势或者长期走势时，需要对已经除权的股价**进行复权**，才能根据实际股价计算盈亏。

5. 指数相关的术语

下面三种指数的区别主要在于编制指数选取的样本不同，具体的编制和计算方法只有专业的统计学研究者有必要知道，我们不必详细了解。

（1）综合指数。在某个证券交易所上市的所有股票都是编制综合指数的样本，代表性指数有上证综合指数和深证综合指数。

（2）成分指数。根据一定标准选出某个证券交易所的一定数量的有代表性的股票为样本编制计算的指数，代表性指数有深证成指和上证 50 指数等。

（3）分类指数。以某个证券交易所某行业或某个分类板块的全部股票或者按照一定标准选出一定数量的有代表性的股票为样本编制计算的指数，代表性指数有上证能源指数和深圳餐饮指数。

注意，所有的指数都有 6 位数代码以便查询。

本节讲述的基本上都是概念性较强的知识点，可能看起来比较枯燥，但是就像你打乒乓球肯定要了解基本的规则和术语那样，这些内容早知道肯定比晚知道好。我不止一次用江湖比喻股市，你在闯江湖之前不一定先要了解江湖规矩,但是了解规矩在闯江湖的时候踩坑的可能性肯定会降低。

我们肯定不会光说不练,第 2 章就进入实操内容。

第 2 章　开户与交易

随着时代的发展，从前必须要经过好几个营业场所的开户手续，现在已经简化到用电脑或手机在互联网上就能轻松完成。买卖交易股票不用再跑去营业部现场，在网上同样可以进行交易。

2.1 开户手续与交易方式

2.1.1 开户必备资料

本章进入炒股票的实操阶段。人们通常所说的在股市开户，其实要分两步进行：第一，要在证券交易所开设股东（民间和媒体一般将在股市参与股票交易的人员称为**股民**，但证券交易所对开设账户的人员和机构都统一称为**股东**，由于交易股票的人不一定都怀着关心上市公司经营状况的股东心态，所以从本章开始，对在股市交易股票的人员泛称为**交易者**）账户；第二，在开设好股东账户以后，选择证券公司的营业部开设资金账户。

股东账户用于通过证券公司在证券交易所托管存放自己购买的股票，资金账户是在证券公司里开设的用于存放买卖股票的资金的账户，所以必须开设两种账户，才能买卖股票。

就像到银行开设存款账户需要提供一些必备资料一样，开设股东账户和证券资金账户也要事先准备好一些必备资料：身份证原件（证明年满18周岁）、能够正常使用的一张或多张银行卡。

2.1.2 开设股东账户

我开设的股东账户已经超过20年，当年开户时的许多细节已经记不清楚了。那时候互联网虽然已经开始在国内普及，但是技术条件还不是很成熟，绝大多数人开设股东账户还是要去证券交易所指定机构的实体营业厅。

你想要买卖某个交易所的股票，就要先开设这个交易所的股东账户。当年能开设上交所股东账户的机构还不一定同时能开设深交所的股东账户。我先开设了上交所的股东账户，过了几年才开设深交所的股东账户，当时开设深交所的股东账户是为了能够交易中小板的股票。

现在你在任何一家证券公司的实体营业部或线上营业厅，都可以开设任何交易所任何市场的股东账户，然后直接就能在这家证券公司开设资金账户，几分钟就可以完成过去需要跑好几个地方，耗费许多时间才能完成的开户手续。

请注意，目前在**任何交易所**开设股东账户都是**免费**的，而且必须用**本人**的身份证原件来直接开户。

2.1.3 开设资金账户

我在上交所开设股东账户20多年，在深交所开户也有10多年，两家交易所**主板市场**交易的所有股票和其他证券都可以交易。

现在主板市场对交易者的开户资金量是没有限制的，手续要比10多年前简便得多，所以建议你一次性将上交所和深交所的股东账户都开设好。如果只开设一家交易所的股东账户，发现某只股票有盈利的机会，一查股票代码却发现是在另一家交易所上市的，那就要浪费时间再办一次股东账户开户手续，实在没有必要。

可以携带自己的二代身份证和银行卡去附近的证券公司实体营业部，现场办理开户手续。证券公司的工作人员会让你填写一些必要的表格，完成开户手续。如果你家离证券公司实体营业部比较远，或者不想为了这点事情出门，**还可以全程在证券公司的网站或手机客户端线上办理开户手续。**

通过证券公司实体营业部和网上开户办理股东账户和资金账户的过程都是一模一样的，没有任何区别。我目前在申万宏源证券公司开户，这家证券公司的资金账户号码为10位数字，前5位是营业部代号，后5位是客户号。其他证券公司的资金账户大体上是根据同样的原则和方法编制的。证券公司的营业部会给你一张标明资金账户号码的磁卡，可以在营业部的客户终端划卡操作。

股市的开市交易时间，即每周一至周五（法定节假日除外）9:30—11:30和13:00—15:00，是证券公司营业部肯定可以办理开户手续的时间。实际上大多数证券公司营业部上午9:00开始营业即可办理，午休时间也会安排工作人员负责开户，收市以后有些营业部也会提供开户服务。

不同证券公司接受网上开户的时间各有差别，肯定比在营业部开户的时间更长，双休日和节假日也会接受开户申请，但完成审核必然要等到工作时间。新开户在网上办理开户申请手续只需要几分钟，在证券公司工作时间，即周一至周五的9:00—16:00办理手续，当天即可完成审核开通账户，其他时间则需要等到下一个工作日9:00以后完成审核手续开通。

在证券公司开设资金账户的同时，用于开户的银行卡账号将会与这个资金账户关联，向资金账户存取资金，都会通过关联好的这一个或几个银行账号进行。为了日常生活的需要和便利，每个人都拥有不止一个银行账号，建议你只使用一个银行账号与资金账户关联即可，而且这个账号尽量专门用于和证券公司资金账号往来转账。这样你向股市投入或取出多少资金，只要查一下这个银行账号就能一目了然。

2.1.4 非主板市场的准入门槛

现在新开户的股市新手，能够**直接买卖**的只有上交所和深交所**主板市场的股票**。如果想要直接买卖深交所创业板、上交所科创板和北交所上市的股票，还必须满足这3个市场各自的准入门槛，即满足对交易者在资金量和交易经验这两个基本条件的要求，才能开通创业板、科创板和北交所的操作权限，或者在北交所开户，详情请见表2.1。

表2.1 开通创业板、科创板和北交所操作权限的基本操作

市　场	资金量要求	交易经验要求
深交所创业板（二板）	申请开通权限前20个交易日证券账户及资金账户内的资金日平均不低于人民币10万元	参与证券交易24个月以上
上交所科创板	申请开通权限前20个交易日证券账户及资金账户内的资金日平均不低于人民币50万元	参与证券交易24个月以上
北交所	申请开通权限前20个交易日证券账户及资金账户内的资金日平均不低于人民币50万元	参与证券交易24个月以上

注：证券账户及资金账户内的资金，指的是交易者的**自有资金**，不包括融资融券（即外借）形成的资金。

这里先回顾一下 1.2 节讲述过的内容：首先，主板市场的上市要求，尤其是在财务方面最为严格，而二板、科创板和北交所的上市要求相对较低。其次，主板上市的股票首日涨跌幅都受到限制，上市第二天起涨跌幅限制为正负 10%；二板和科创板上市的股票前五天涨跌幅不受限制，上市第六天起涨跌幅限制为正负 20%；北交所上市的股票第一天涨跌幅不受限制，上市第二天起涨跌幅限制为正负 30%。

上市门槛较低的市场固然可以让那些达不到主板市场上市要求的成长性好的公司尽早上市，但是这些上市公司**经营上的不确定性必然会比主板市场上市公司更大**。因为二板、科创板和北交所上市公司可能有比主板上市公司更高的成长性，同时也有着更大的不确定性，所以对它们的涨跌幅限制更为宽松。更大的涨跌幅意味着股价有更大的波动空间，操作这些股票更容易取得高收益，但也意味着会面临高风险。

监管机构和证券交易所考虑到非主板市场的上述高收益、高风险的特征，于是对个人进入这些市场设置了比主板市场更高的门槛。这也是出于保护中小散户利益的想法，我们是完全可以理解的。

然而，有的读者会说："我能用来炒股票的钱就那么多，哪怕做了两年，即使赚到钱了，资金量也到不了人民币 10 万元，要达到人民币 50 万元资金量就更别想了。这样有可能做了好多年股票，还是没法达到开通非主板操作权限的要求。"还有一些读者的资金比较充裕，可能会这样问："我准备开户炒股票，手里有人民币 50 万元以上的资金，也能承受一定的亏损风险，非要等到两年以后才能开通创业板、科创板和北交所的交易权限吗？"

各位读者请放心，我虽然已经做了20多年的股票，但同样属于工薪阶层，还是个收入不稳定的文人，虽然说现在的资金量在创业板开户已经够了，要在科创板和北交所开户却还差一大截。我具备一定的抗风险能力，也想有机会分享非主板优质上市公司可以带来的收益。虽然刚开户的股市新手能**直接买卖**的只有主板市场的股票，但是还可以**间接买卖**股票的方法操作非主板上市公司的股票。

刚开户的股市新手，无论资金量是否达标，或者像我这样开户多年，但资金量不是很多的老手，完全可以用部分资金去购买可以操作非主板上市公司股票的**公募基金**。对于风险相对较小的股票，可以自己操作，对于风险相对较大的股票，可以把钱交给专业投资机构，让他们按照规定条件提取一些费用（最多不超过3%）来帮我们操作。

现在网络非常发达，从电脑或手机上网查找那些持有或者准备投资非主板上市公司股票的公募基金很容易。证券公司同样也经营场外基金业务，要买卖这些基金很容易。因为本书主讲股票，基金就不多谈了。这里再提出一个建议：虽然刚开户的股市新手可以通过购买基金间接操作非主板上市公司的股票，但是在这些基金上投入的资金比例尽量不要超过资金总量的20%，毕竟非主板上市公司的股票风险还是比主板的更大。

2.1.5　各种委托交易方式简介

从前文已知道，要想在证券交易所买卖上市的股票或其他证券，都要通过证券公司进行。就像你在银行办理各种业务一样，在证券公司买卖股票也可以通过几种不同的方式来进行。因为对证券公司来说，你是通过它的交易系统在证券交易所的平台上交易股票的,所以在它那里的交易是一种**委托**。

在证券公司的实体营业部或者网上营业厅开户的时候,工作人员让你填写的表格资料或者开户软件弹出的对话框中,都会让你自主选择要开通若干种委托方式,例如柜台委托、自助委托、电话委托、网上交易委托等。

你在营业部开设资金账户并得到交易磁卡后,就已经可以进行柜台委托和自助委托了,个人建议同时至少开通电话委托和网络委托这两种委托方式,毕竟家距离营业部再近,也总有出个远门却需要交易股票的时候,只要你有手机或者能上网,电话委托和网络委托就能用上了。我们只要在开户时填写几份表格,就可以开通这些功能了;网络开户的话,直接在弹出窗口选择电话委托和网络委托选项即可开通。

第一种交易方式是柜台委托,这也是最传统的交易方式。我第一次买进股票的时候,就是在离家三分钟路程的证券公司营业部,手持身份证和股东账户卡,用笔填好委托单据,交给柜台工作人员办理的。

第二种交易方式是自助委托。营业部给你一张资金账户磁卡的时候,会让你设置好6位数密码。如果你家离证券营业部不远的话,在领取磁卡的时候,不妨去体验一下营业部的自助委托交易系统。在交易终端划卡,输入正确密码,即可进入终端的交易系统,看到各种提示。操作的时候,会感觉和银行的自助客户终端差不多。但是请记住,如果方便使用电话或网络委托,只要体验一下划卡交易是如何操作的就行，不要真的交易，因为划卡交易佣金不划算。

第三种交易方式是电话委托。可以拨打证券公司的 5 位数电话客服热线号码进行委托，也可以拨打营业部的 8 位数委托电话号码，输入正确的资金账号和交易密码后，就可以按照语音提示交易了。拨打证券公司统一的委托专线接通后，需要输入 10 位数的完整资金账号；拨打营业部的委托电话号码接通后，因为资金账号的前 5 位数就是该营业部的编号，只需要输入资金账号的后 5 位数即可。

第四种交易方式就是现在大家应该最为熟悉的网上委托。只要能够上网，就可以用电脑终端或手机客户端登录证券公司的网络交易系统，进行网上委托交易。在 2.2.3 小节，会讲述申万宏源证券公司的电脑终端交易系统。

2.2 交易税费和基本交易程序

俗话说，天下没有免费的午餐。通过证券公司在股市买卖股票交易肯定需要支付一些费用，也要缴纳一些税款。下面讲解股票交易需要支付的税费，然后再结合申万宏源证券公司的电脑终端交易系统来熟悉股票交易最基本的程序。

2.2.1 交易佣金和过户费

无论盈利与否，每次成功买入或卖出股票时都要支付给证券公司相应的手续费，这笔手续费就是交易佣金。

现在证券公司的标准佣金费率一般是成交金额的 0.3%。注意，委托交易方式不同，佣金费率也是不同的。营业部现场交易，支付给证券公司的佣金就必然要包括场地租金等开支，佣金费率自然最高，就是标准费率 0.3%。电话委托佣金费率就会低一些，一般是 0.25%。网络委托的佣金费率更低，我在申万宏源证券公司网络委托交易的佣金费率是 0.12%，是电话委托费率的 48%，标准费率的 40%。

一般证券公司会规定单笔交易的手续费最低为 5 元，不足 5 元的部分按照 5 元收取。

有些证券公司对网上开户的客户可以通过专属的客户经理调低账户的交易佣金比例，降低网上开户客户的交易成本。不过新开户的朋友千万要记住，这必然是证券公司为资金量大、交易量大的客户提供的优惠，如果资金量不大，也不会频繁买卖操作的话，选择网络委托交易，佣金费率也并不高。

如果你开户后可投入的资金量较大，打算以短线操作为主，一年之内就要进行多次交易的话，那么可以让客户经理调低账户的交易佣金比例。毕竟资金量大，如果每年要买进卖出数十次的话，交易总金额非常可观，交易佣金比例调低后，可以节约不少佣金开支。

上交所对交易的股票收取过户费，每 1000 股按照股票面值（A 股的面值统一是 1 元）收取 0.1%，最低收取 1 元，不足 1 元的按照 1 元计算。深交所则不收取过户费。

2.2.2 印花税

股票交易印花税属于行为税,是对买卖股票交易的行为征收的税款。目前中国大陆 A 股交易印花税的税率为交易金额的 0.1%,实行单向征收,即只有在卖出股票的时候才征收交易印花税。

了解了股票交易的这些税费(俗称车马费)之后,不去考虑门槛更高的融资融券问题,我们就会发现交易股票想通过低买高卖赚取差价,只有在卖出的收入减去买入成本和交易税费之后的得数大于 0 时,才能真正盈利。而操作上交所的股票,除了交易佣金和印花税外,还要考虑过户费成本。

如果在申万宏源证券公司以网络委托的方式以每股 10 元的价格买入 10 手(1000 股)上交所的某只股票,涨到 10.3 元卖出的话,那么你的纯利润就可以这样计算:$10.3 \times 1000 \times (1-0.0012-0.001) - 10 \times 1000 \times (1+0.0012) - 1000 \div 1000 = 264.34$(元)。

另外需要注意的一个问题是,上交所和深交所有些国企超大盘股票和特别处理的 ST 类股票的股价虽然很低,但是由于证券公司基本上对每笔交易最低收取 5 元的佣金,上交所对每笔交易最低收取 1 元的过户费,所以要**尽量避免做金额太小的交易,那样的交易非常不划算**。

例如,601988 中国银行在 2022 年 1 月 14 日的收盘价是 3.09 元/股,如果在这个价格时买入 1 手(100 股)当然是可以的,但这次买入的总金额只有 309 元,哪怕网络委托买入,还是要支付最低 5 元的佣金,还要加上最低 1 元的过户费。如果想要盈利的话,卖出时仍要支付 5 元佣金和 1 元过户费,还要缴 0.1% 的印花税,也就是说,股价要涨到

3.22元/股以上才有利可图。我们下面算一下这样能赚多少：3.22×100×（1−0.001）−5−1−3.09×100−5−1=0.68（元）。

因为交易金额太低，以3.09元/股的价格买入100股中国银行的股票，股价上涨超过4%，去掉交易税费，只能赚区区0.68元。何必呢？

以上是我举的一个极端例子，你只需要有这个意识——交易金额过低，税费对买入成本的比例变得相当高的交易一定不要做。

2.2.3　网络委托交易系统概述

在互联网高度发达的今天，无论是为了交易的便利性，还是为了节省交易手续费，都应该更多地选择网上委托交易股票、其他证券和理财产品。下面结合图示，讲述如何在电脑上进行股票交易。

你在任何一家证券公司办完开户手续以后，都可以在这家证券公司的官网上下载其提供的电脑和手机客户端软件。这些交易软件普遍与某种证券分析软件捆绑，方便你在电脑上边看盘分析边交易。证券分析软件的基本功能都是一样的，不同品牌的软件各有特色功能。手机内存空间比电脑小，所以手机交易软件里直接集成了一些分析功能。

我是在申万宏源证券公司开设的资金账户，就以申万宏源的电脑交易和配套的证券分析软件为例来讲解最基本的股票交易程序。其他证券公司提供的交易软件的界面可能有些差异，但是基本功能都是一样的。

第 2 章　开户与交易

　　下载交易软件之后，双击桌面上的软件图标，或者在程序菜单里单击软件图标，就会弹出图 2.1 所示的登录对话框。

图 2.1　交易软件系统登录对话框

　　在该对话框中输入 10 位数资金账号和 6 位数交易密码后即可登录。登录以后，证券分析软件界面和交易界面会同时弹出，你可以一边观察股市的即时行情，一边进行各种交易操作。若选中"独立交易"复选框，就会只弹出交易界面，不会弹出分析软件界面。如果你当天只要申购一级市场的新股，不在二级市场买卖的话，才需要选中这个复选框。

　　一般来说，输入资金账号和交易密码登录后，就能看到图 2.2 所示的界面。

　　图 2.2 上方的菜单和黑色背景的画面就是交易系统附带的证券分析软件的窗口，下方灰色和白色背景的部分就是委托交易系统的窗口，在电脑上这两个窗口都是彩色的且可以缩放。顺带提一下，从网络委托交易系统可以看到你真实的股东代码和资金账号，上交所（沪

053

市）股东代码是字母 A 加上 9 位数字，深交所（深市）股东代码和资金账号都是 10 位数字，也能看到开户营业部的具体地址和个人姓名。为了保护个人信息，我对本书的配图都进行了一些处理，还请读者理解。

从图 2.2 左下部分可以看到，使用交易系统的"股票"选项就可以进行各种股票的基本操作，其中从"买入"到"场内开放式基金"功能是在证券公司开户成功后就立即可以使用的。"债券回购"选项及以下的功能必须满足一定的条件才能开通操作权限，这些功能与本书的主题基本无关，就不多说了。"基金""港股通""理财"和"服务"功能同样与本书的主题基本无关，在此也不再展开了。

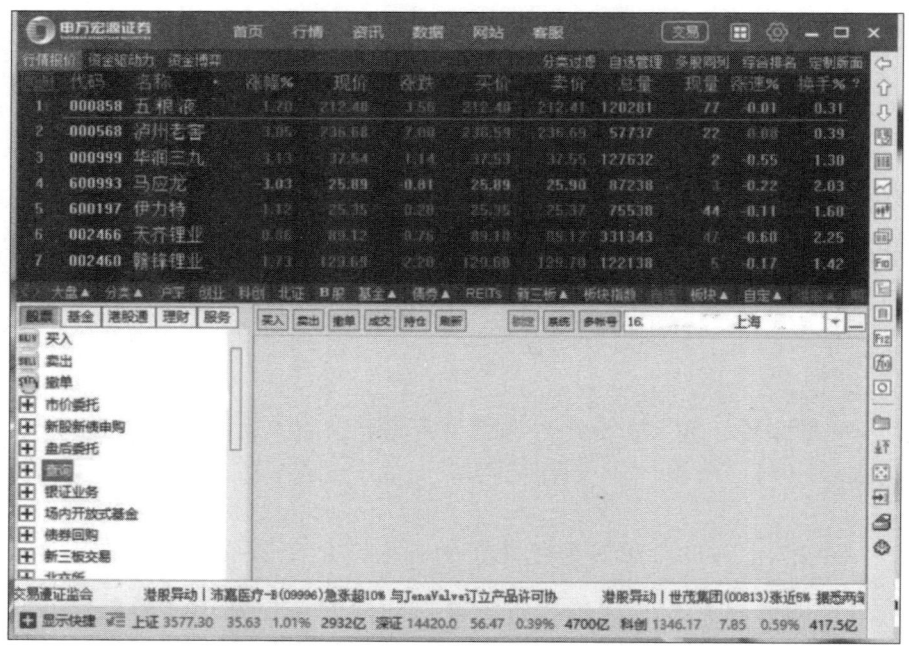

图 2.2　登录后的分析软件与交易系统界面

2.2.4 委托交易软件的具体应用

在买股票之前,肯定先要在自己的资金账户存入资金。单击委托交易系统"股票"选项下的"银证业务",然后按照提示操作即可,银行(**余钱**)转证券(资金账户)时需要输入的是**银行卡账户的密码**,证券转银行时需要输入的是**资金账户的密码**。谁都难免在着急的时候可能将这两个密码搞混,但尽量不要搞错。

按照目前的新股申购规则,如果是刚刚开户的话,不能马上申购新股。若要申购上交所的新股,至少要拥有 1 万元市值的在上交所上市的股票(20 个交易日的日均市值达标即可),深交所的要求也是一样。在科创板和创业板申购新股的话,除了持有的股票市值分别满足两家交易所的要求之外,还要开通这两个市场的交易权限。满足新股申购条件之后,单击网络交易系统里的"股票"选项下的"新股新债申购"选项前的"+",根据图 2.3 所示的 8 个选项逐步操作即可。

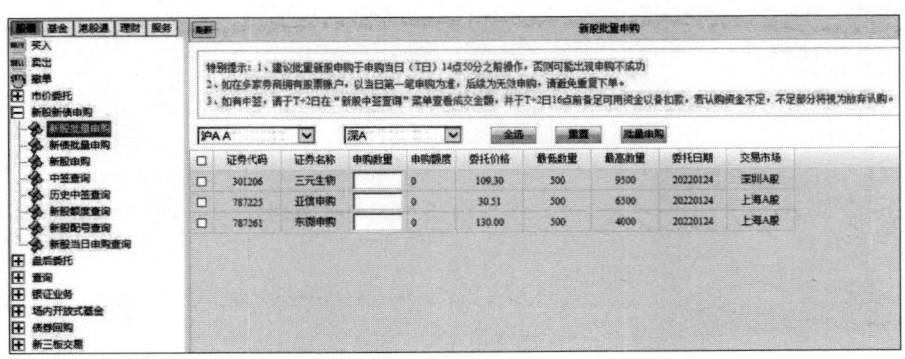

图 2.3 新股申购示例图

如果选择"新股批量申购"选项,当天可以申购的所有新股就会在右侧列出。2022 年 1 月 24 日当天可以申购的有一只深圳 A 股和两只上海 A 股，委托价格、最低数量和最高数量在右侧显示。以 30 开头的证券代码说明这只新股将会在深圳创业板上市，以 787 开头的证券代码说明后两只新股会在上海科创板上市。因为我在 2021 年 11 月清仓后没有再买一只股票，也没有在创业板和科创板开通交易权限，自然没有申购额度。

交易者必须有申购额度才能在"申购数量"栏填入要申购的新股数量，然后选中"证券代码"前面的复选框，再单击"批量申购"按钮即可完成当天的新股申购手续。申购需要注意的事项见图 2.3 中的"特别提示"部分（电脑中会以红色字显示）。

要买入已经进入二级市场的股票，单击委托交易系统的"买入"选项，就会弹出图 2.4 所示的界面。

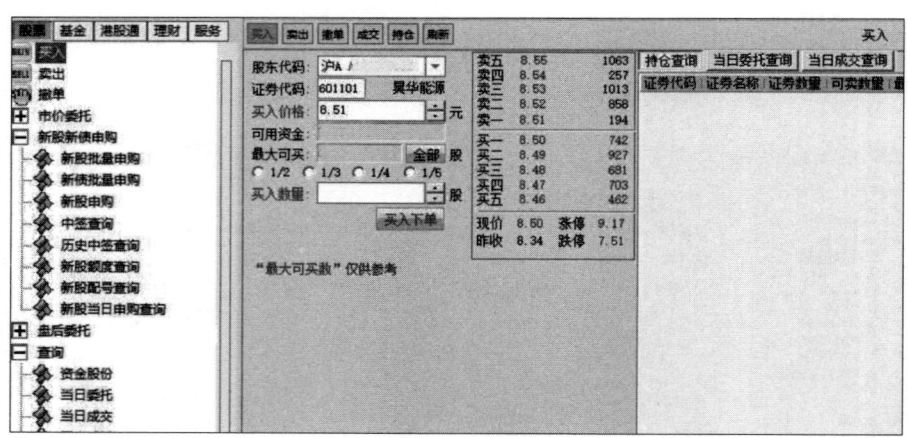

图 2.4　二级市场委托买入股票操作示例图

在买入功能表里填写好股票的证券代码后，即时的市场买入价格等信息就会自动显示。填写"买入数量"以后，单击"买入下单"按钮，再单击"确认"按钮，买入委托就操作完毕。如果买入委托价格与卖方的卖出价格匹配，正好也同时报价的话，那么即使买入数量和卖出数量有差别，也会匹配成交。如果要查看当天买入成交的情况，单击图 2.4 右上角的"当日成交查询"按钮后，成交情况就会在图 2.4 中"报价栏"右侧的白色背景部分显示出来，也可以单击图 2.4 左侧"查询"选项，查询当天买入成交情况。

  这里以随机选择的某只股票为例，说明如何进行买入"撤单"操作。假设我研究了上市公司昊华能源 601101 的情况，对这只股票的股价走势也有所了解，觉得在 8.2 元 / 股的价格买入合适，于是进行买入操作，委托成功。但是后来股价的走势与原先预测的差别较大，觉得 8.2 元 / 股的买入价偏高了，想要撤销这笔交易，这时就可以单击图 2.4 中左侧的"撤单"选项，然后会弹出图 2.5 所示的撤单操作界面。

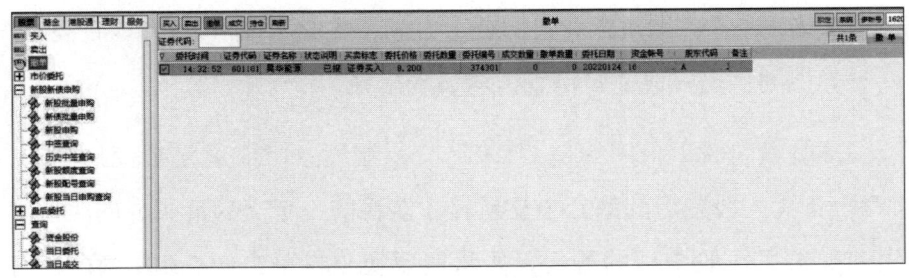

图 2.5 撤单操作示例图

  首先选中该项交易具体信息栏前面的复选框，然后单击图 2.5 右上方的"撤单"按钮，撤单操作就完成了。

  如果想要查询当天的委托操作记录，单击图 2.5 左侧"查询"功能下的"当日委托"选项，就会弹出图 2.6 所示的委托查询界面。

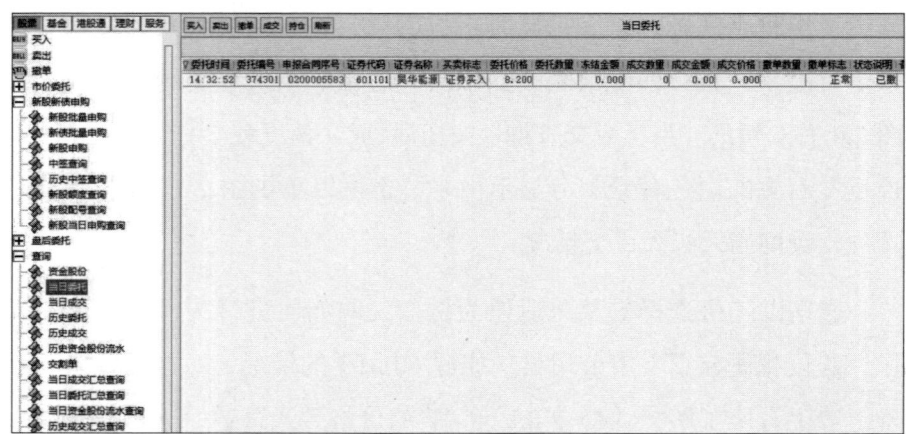

图2.6 委托查询结果示例

由图2.6可知，我当天进行的一笔买入操作已经成功撤单。如果买入操作最终成交，那么就单击图2.6左侧白色背景部分的"当日成交"选项或者图2.6右侧灰色背景部分上方的"成交"按钮，与"当日委托"信息类似的"当日成交"信息也会显示出来。

目前国内股市采用的是"T+1"交易制度，"T"就是指交易当天，"+1"指买入股票后的**第二个交易日**才能将前一个交易日买入的股票卖出。如果买入股票后的若干天要将股票卖出，单击图2.6左侧白色背景部分的"卖出"选项或者图2.6右侧灰色背景部分上方"卖出"按钮都可以进行卖出操作，之后的操作步骤与买入操作类似，差别只是买卖方向不同。

这里还需要指出的是，你卖出股票后兑现的资金必须等到下一个交易日才能从证券公司的资金账户转出到关联的银行账户提现。如果因为需要用钱卖出股票的话，记住**一定要提前至少一个交易日就将股票卖掉，留足转账周转的时间**。如果要用卖出股票的同一笔资金再重新买入股票的话，在同一个交易日就可以操作。

如果要查询自己在此时此刻拥有多少资金和多少股票、当天买卖的所有成交和委托、当天之前的委托和成交等情况，都可以在图2.6左侧的"查询"功能里完成。

另外，当天买入的股票要在下一个交易日才正式过户到股东账户上，当天卖出的股票所得的资金同样要在下一个交易日才能过户到证券公司的资金账户（但是资金在交易所可以重新买入股票），这样还要进行一次"交割"。

在买卖股票成交的下一个交易日单击图2.6左侧白色背景部分"查询"选项下的"交割单"选项，可以看到前一个交易日的交割信息。10多年前，我还会到证券公司的专用交割机器上打印那一张就像便利店收款单据一样的交割单据，但其实哪怕不打印交割单，应该交割的股票和资金在成交的下一个交易日也会自动过户。

第 3 章 证券分析软件

　　第 2 章已经说过，证券公司提供的交易软件一般会附带证券分析软件。证券公司会提供几种不同的软件供客户选择，也可以从网上下载一款适合的软件。你肯定需要一款证券软件随时随地了解股市行情和各种相关信息，辅助买卖股票，但是请记住，任何软件都只是一种辅助工具，真正决定你炒股盈亏的只有你自己。

3.1 证券分析软件的通用功能

我进入股市 20 多年，曾经接触过多款证券分析软件。每款分析软件都有其各自的特色功能，但是最基本的功能还是一样的。据我所知，国内最早的证券分析软件就是"钱龙软件"。老股民有这么一句话："会用钱龙软件，其他软件也很快能上手了。"钱龙金典版软件登录后的界面如图 3.1 所示。

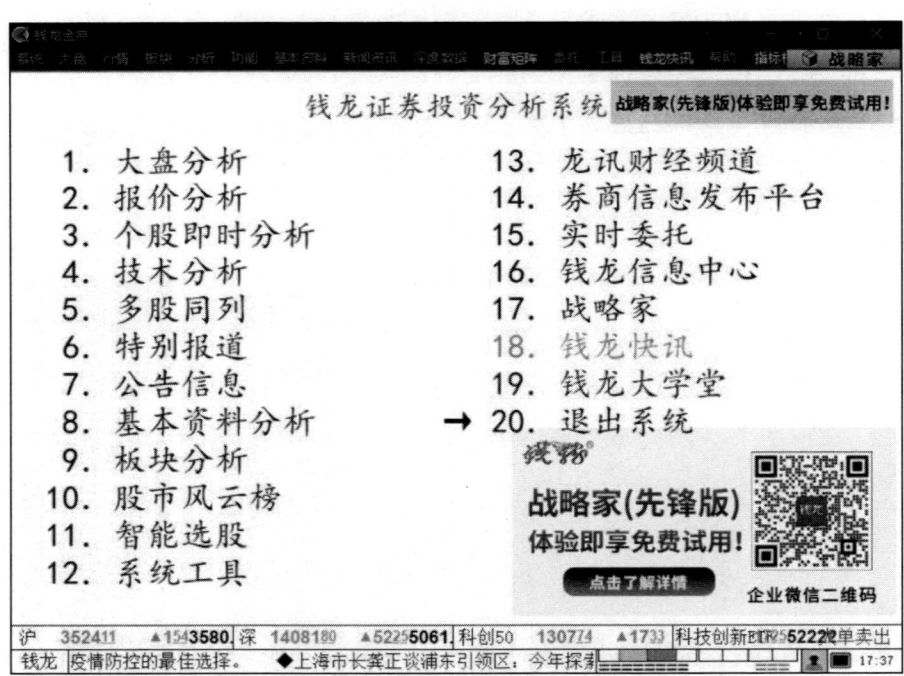

图 3.1 钱龙证券分析软件登录后的界面首页

本节就以钱龙软件为例，讲解证券分析软件的几项通用功能。

3.1.1 个股即时分析功能

从图 3.1 可以看到钱龙软件的前两项功能分别是大盘分析（上证系列指数和深证系列指数及相关数据分析）和报价分析。这两项功能其实就是直接查询大盘指数和个股股价，在此就不多说了。

个股即时分析功能可以帮助你观察指数和股价的分时走势图、量比指标、买卖力道。如果不了解沪深股市个股的代码，那么可以直接从图 3.1 所示的界面进入相关功能进行查找，但那是相当费事的。其实可以登录东方财富网或其他财经网站，查询一只股票的代码通过软件的智能键盘输入，如输入"600009 上海机场"，如图 3.2 所示。

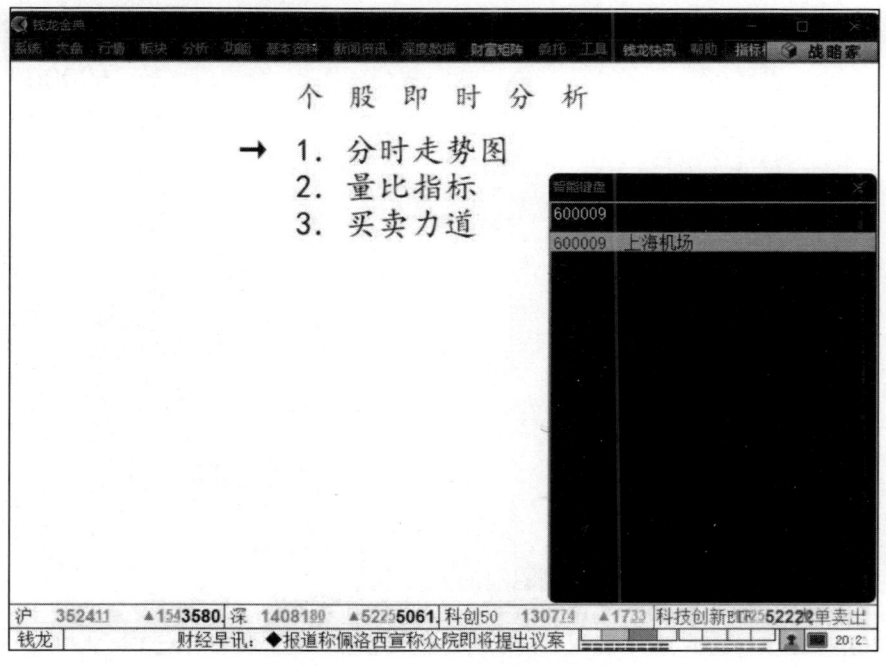

图 3.2　证券分析软件的智能键盘功能

再按 Enter 键，就会弹出图 3.3 所示的界面。

图 3.3 白色背景部分就是上海机场这只股票在 2022 年 1 月 25 日当天收盘后的分时走势图。请注意，分时走势图上方的菜单（在电脑界面里菜单的字体是灰色的），只要单击"分析"菜单，就可以根据下一级菜单的提示快捷地进入各种分析功能。

图 3.3 左上方波动较为剧烈的曲线（在电脑界面里这条曲线是白色的）就是上海机场这只股票在当天开盘到收盘的股价分时走势，另一条波动较为规律的曲线（在电脑界面里是黄色的）则是当天的成交均价。分时走势下方显示的是分时成交量。图 3.3 右侧显示的是这只股票在收盘时最接近成交价的五档买卖委托价格和收盘涨跌、均价等当天交易的基本情况。

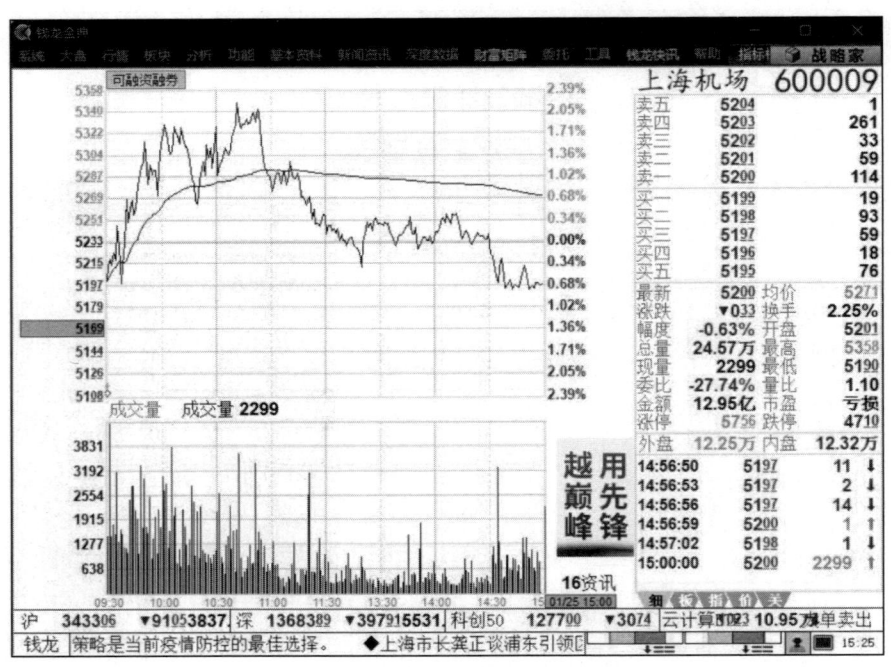

图 3.3　交易日分时走势图示例

从分时走势图下方显示的指数概况可以得知这一天市场整体是大幅下跌的，上证指数当天暴跌91.05点，跌幅达到2.58%。上海机场当天跌幅为0.63%，跌幅比起股市的整体跌幅较小，这只股票的走势相对比较**强势**。

1.2.6小节曾经提到过"量比"这个术语。在图3.3"分析"菜单里选择"动态指标"里的"量比指标"，或者单击右键，在弹出的菜单里选择"切换动态指标"下的"量比指标"选项，分时走势图下方的"成交量"指标就会变为图3.4所示的量比图。

以图3.4中的"600367红星发展"这只股票为例。图3.4右侧报价图中的量比数字3.42是当天该股收盘时的量比值，量比图上方的数字4.48是在软件中移动光标找到的13：43的即时数值。对股票来说，量比不是越大越好，也不是越小越好。图3.3中上海机场收盘时的量比1.1，国内股市大多数股票的即时量比都在0.8～2之间，因此1.1的量比很常见。

图3.4中红星发展的股价开盘跳空高开（开盘价高于昨日收盘价），量比超过26，意味着成交量极端放大。开盘几分钟量比更是一路突破40，股价封涨停以后，量比反而从当天的最高值一路下降，到收盘只有3.42。这说明上方的出售抛货压力较小，而这就是典型的主力高度控盘个股（俗称**庄股**）的走势，股价封涨停后甚至不需要成交量比持续放大就能维持。

这里必须指出的是，当大盘指数在一波下跌行情中的某一天大幅下跌，而某只股票的股价在**相对高位涨停**，虽然非常有吸引力，但它在后市**随时可能补跌**。股市新手一定要记住：**冲动是魔鬼，不要去追高**，

尤其是不要追高买入庄股。

如果大盘并不好，你持有的股票像图 3.4 的红星发展那样，股价分时线向上，而量比线在冲高后向下，那么就要注意：如果股价不能再封涨停，出现股价分时线向下，而量比线向上的话，就说明大量资金在流出，主力很可能在出货，你**至少应当出售部分股票兑现利润，规避后市可能出现的继续下跌的风险。**

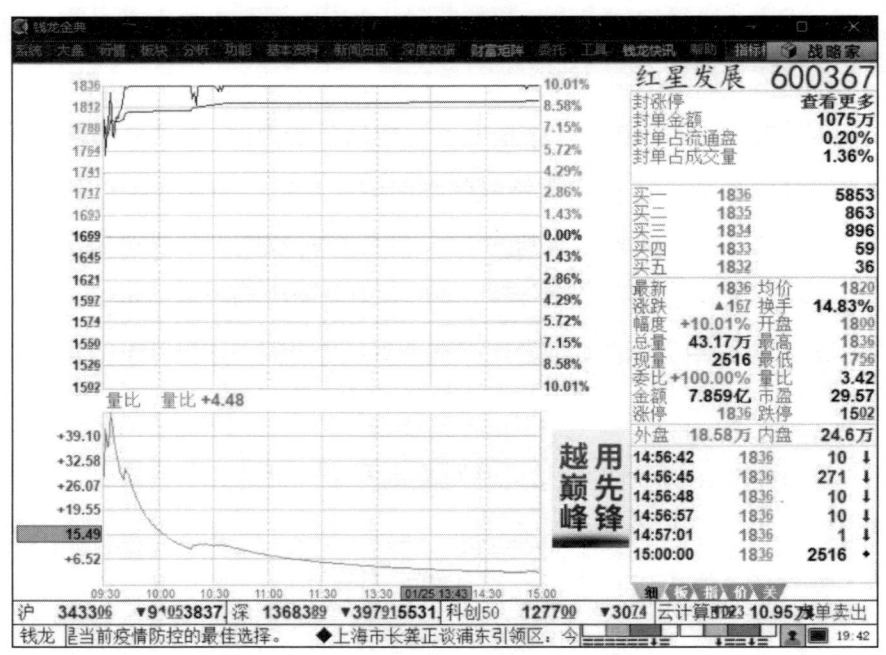

图 3.4　高位涨停时的股价分时走势和量比走势示例

当然个股高量比的走势并不代表没有机会：个股在经历过长期下跌后，股价处于底部时，如果量比放大到 5～10 甚至更高，股价突破了上方的压力位，则很可能是大资金已经大手买入的信号，通常今后股价将会在一段时间内持续攀升。你在此时买入，坚持持股一段时间，

第 3 章　证券分析软件

必有回报。

一般来说，某只股票当日的量比一直在 1.5～2.5 徘徊时，这只股票的交易情况就是在温和放量，如果股价的分时线也同时上涨，**说明已经有资金在缓慢吸纳**，从而推动股价上涨。**如果股价并不高的话，可以适量买入一些。**

如果某只股票当日的量比一直在 3～5 之间，甚至还在继续上升，那么当天的交易就出现了明显放量。如果股价大跌，甚至跌破了重要的支撑价，那么后面的股价走势将会非常难看，无论急跌还是连续阴跌，都会向下跌到一个非常低的价格。如果持有这只股票，不打算做长期投资，无法忽略股价波动给你造成的损失，那么可以考虑将它抛出。

股价大跌的时候，量比线必然会出现剧烈变化，昊华能源这只股票 2022 年 1 月 25 日的走势如图 3.5 所示。这只股票当天开盘股价跳空低开，量比从 6 左右直冲 10 以上，然后股价和量比一同走低，到 10：15 左右一度跌停，以后股价一度打开反弹，直到最后收盘之前大约 20 分钟，才封住跌停板，量比曲线也同样走平。

我们可以看到，除了开盘的短暂时间，量比线的走势和股价当天的走势是一致的，这说明当天股价虽然出现暴跌，但是主力资金并**没有急于抛弃**它。其实从 2021 年 10 月 19 日起，它的股价已经从近年的最高价 14.07 元 / 股下跌了 45%，股价已经到了相对低位，所以还是可以继续观察的，已经持股的交易者也不用急于抛出。

2022 年 1 月 27 日，大盘在前一交易日的反弹之后再度大跌，上证指数跌破 3400 点，当天昊华能源的股价分时走势和量比走势如图 3.6 所示。指数当天一路下跌创新低，它的股价却一度反弹，量比也曾放大，虽然后来量比回到常见水平，股价收盘仍然下跌，但是没有和大盘一样创下新低，这就更进一步证实了主力资金仍未撤出。需要指出的是，昊华能源这家上市公司2021年的经营状况是历年的最佳。

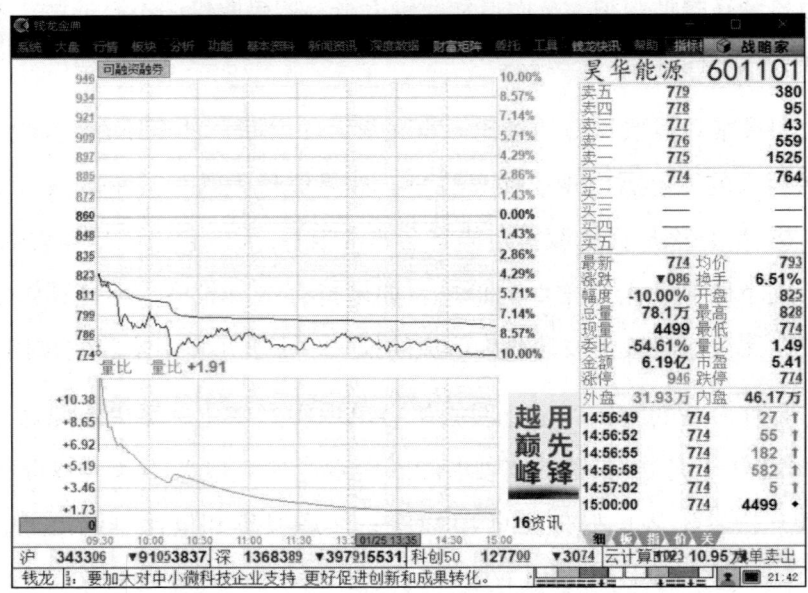

图3.5　跌停板股票的分时走势和量比走势示例

关于上市公司经营状况与股价的关系，这里就先打一个比方：一个职业足球运动员的身体状态与他在球场上的表现是肯定有关系的，梅西身体状态上佳的时候，在绿茵场上必然会非常有创造力，可以漂亮地盘带过人、进球、为队友创造得分机会，帮助球队赢球。

另一种需要与分时走势图结合来看的报价分析功能指标是买卖力道指标，同样可以从"分析"菜单或单击右键快捷菜单中选择这一功能。

第 3 章 证券分析软件

图 3.6 跌停板以后第二个交易日的量比走势示例

买卖力道示例如图 3.7 所示。买卖力道是用于衡量买卖双方力量大小的指标，算法是将所有即时买盘（委买）减去所有即时卖盘（委卖）得出一个委差值。图 3.7 中用箭头标志从两侧分别标明委买曲线（电脑界面中为白色）和委卖曲线（电脑界面中为黄色），这两条曲线离零轴越远、数值越大，说明市场越活跃。

买卖力道指标用柱状图在买卖曲线的背景中标出。柱状图在零轴上方（电脑界面中标为红色），委差就是正数，说明在那段交易时间里买方力量更强；反之柱状图在零轴下方（电脑界面中标为绿色），委差就是负数，说明卖方力量更强。

结合分时走势图，就可以看出昊华能源在当天开盘的第一个小时，股价虽然出现反弹，但是因为大盘再度大幅下跌等因素的影响，市场明显对它的信心不足。再结合图 3.6 的量比指标，也能看出在这一个小时里，这只股票温和放量，但卖方的力量比较强，在大势不好的时候，股价自然没有继续上涨的能量，必然会回落。

图 3.7　买卖力道示例

当天开盘的最后 3 个小时里，昊华能源股价并没有随着大盘的继续下挫大跌，而是在 7.8 ～ 8 元 / 股附近小幅波动，这段时间成交量回到日常水平，但是买方的力量更强。**这种股价在相对低位市场仍然是愿意买入的股票，值得关注**，即使股价继续下跌，也可以观察一段时间，如果股价在低位成交量出现连续温和放量迹象，就可以适量买入一些。

如果某只股票盘中的交易情况与图 3.7 的示例恰恰相反，在高位成交量放大，股价继续升高，但买卖力道指标显示盘中卖方力量明显更强的话，就要考虑逢高减仓抛出这只股票。如果你初入股市，尽量不要碰这样的股票。即使你有过一段时间的投资经验，除非超短线操作颇有心得，而且**能不折不扣地坚持执行自己的交易原则，否则不要轻易尝试在高位操作这样的股票**。

报价分析的研究对象其实就是股票在一个交易日内的价格和成交量变动情况。这可以说是最基本的一些技术分析入门知识点，各种证券分析软件必备这一功能。在了解报价分析知识以后，就可以进一步了解其他技术分析功能了。

在此，有必要提醒各位读者注意一句老股民之间流传的俗话：对股票的任何一种分析理论，尤其是技术分析，不能不当回事，但是也别太当回事。之所以会出现这么一句话，归根结底还是因为一个人所共知的常识：生活中的一切在未来永远都充满不确定性。

无论是根据上市公司过往的经营情况和宏观经济情况进行基本面分析，还是根据以前的股价走势进行技术分析，都是根据过去的经验预判未来。过去的经验当然很重要，没有这些经验，生活不会成为现在的样子，股票也一样，但是任何人凭借经验对未来所作的预测，都不可能百分之百准确。

3.1.2　K线图和技术分析功能概述

人们用K线图分析商品行情和价格走势的时间非常长，据说最早是日本德川幕府时代的米商发明的,后来被股市引入。K线图简明易懂，在各种证券分析软件里都能看到K线图和其他各种技术分析工具。移动平均线和MACD等其他技术分析指标都要结合最基本的K线图综合分析，才能得出比较可靠的结论。

K线图是根据某一周期（如1天）之中出现的4个股价——开盘价、收盘价、最高价和最低价绘制而成的。收盘价高于开盘价的K线被称为**阳线**，收盘价低于开盘价的K线被称为**阴线**。以绘制日K线为例，先划定开盘价和收盘价，两个价格之间的部分绘成矩形实体，如果当天的最高价和最低价与开盘价和收盘价都不同，再在这个矩形实体的上下标出。K线图如图3.8所示。

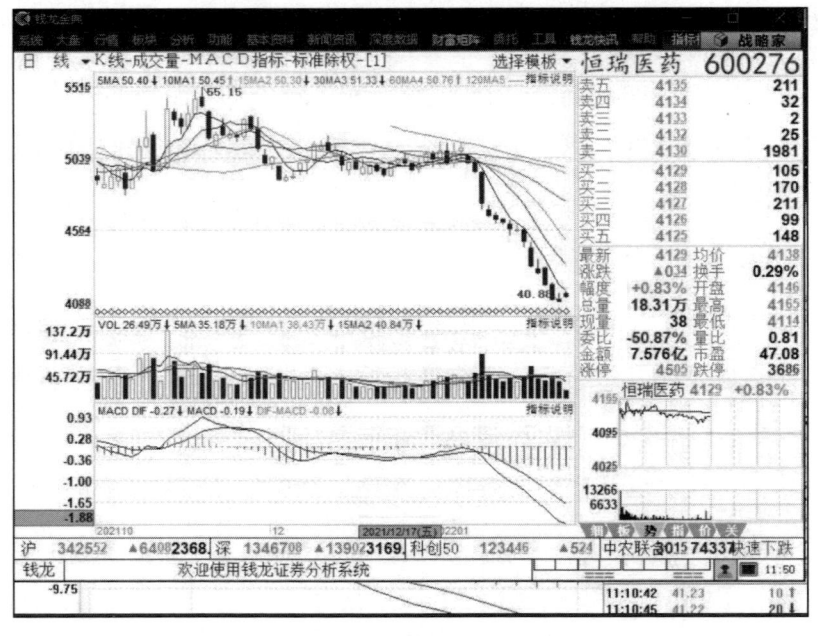

图3.8　K线图示例

从图3.8左上部分，可以看到恒瑞医药（600276）这只股票在2022年春节前后若干天的日K线形态。单一K线图的形态有些像蜡烛，所以也被称为"蜡烛线"。如果当天股票的收盘价高于开盘价，在图3.8中的K线**实体部分**就是**空心矩形（电脑界面标为红色）**，实体部分上方当天交易期间高于收盘价的线段就是**上影线**，下方低于开盘价的线段就是**下影线**。

恒瑞医药 1 月 20 日当天的日 K 线是实体振幅仅有 0.09%、收盘价仅比开盘价高 0.04 元 / 股的阳线，相比上证指数当天 0.09% 的跌幅，该股票的表现并不算弱。当天这根阳线下影线很短，但是上影线相当长，如果没有那一点点下影线的话，日 K 线的形状就像一个倒过来的"T"字，也像一座墓碑，被称为**倒 T 字线**或**墓碑线**。

在连日阴跌过程中出现图 3.8 中的近似墓碑线的日 K 线，预示着后市这只股票股价大概率走低，后来果然连续数日一路下跌。甚至到春节假期结束后，2 月 7 日沪深股市大盘早盘即放出成交量出现较大幅度反弹，它的股价也是高开低走，短期欲振乏力，中长期走势也没有任何起色。

单击钱龙软件的技术分析界面中的"指标说明"（电脑界面里为黄色字体）选项（位于 K 线图右上方），就会弹出如图 3.9 所示的"技术指标参数设定"对话框。钱龙软件里可以查询的各种技术分析指标就有 100 多种，各有各的原理和统计依据，在对话框的右上部分会对这项技术指标的应用法则进行说明。

图 3.7 和图 3.8 中在日 K 线图之间分布的曲线（电脑界面里为多种彩色曲线）就是技术分析常用的一种分析指标——**移动平均线**。系统默认的设定参数可见图 3.9 对话框右下栏，我们也可以根据实践经验，在最小值 0 和最大值 1000 之间设定参数。

这些技术分析指标就是 1.2 节中介绍的"投机派"的各种招式，着实令人眼花缭乱。大智慧等其他证券分析软件里也可以查询各种技术分析指标，除了 K 线等各种常见指标外，各有一些特色指标。

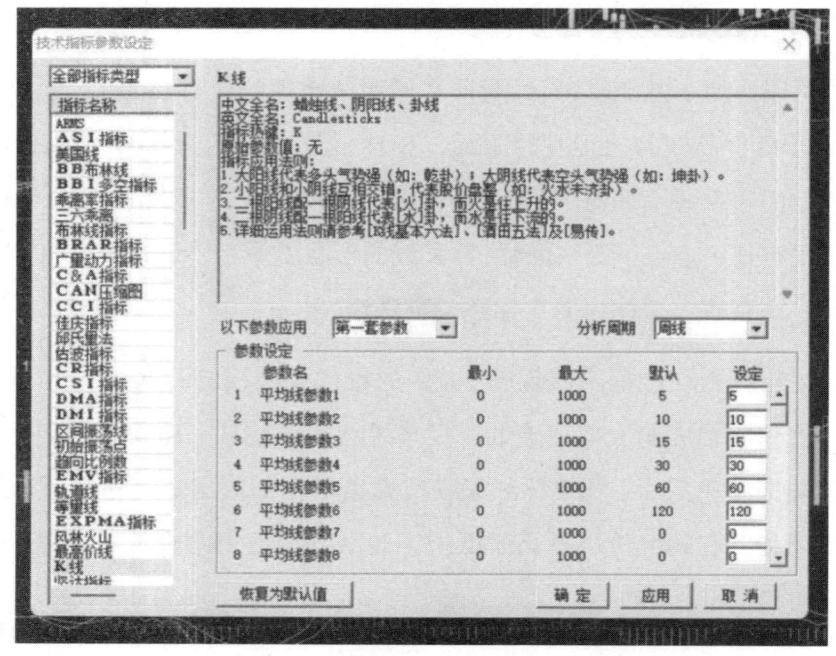

图 3.9 "技术指标参数设定"对话框

这些证券分析软件就好比是投机派广收门徒，流传多年之后，分流出不同宗门的高人编写的拳经剑谱。这些拳经剑谱上记录的各种招式自然都有其道理，有些还十分精妙，但是一个人想要将这些招式全都了解清楚就不得不耗费大量精力，在股票交易的实战中也未必都能用到。

招式是死的，人是活的。股票交易不是做理论研究，不必将所有技术指标的理论基础和计算方式都弄个一清二楚，重要的还是选择一些帮助自己在买卖股票时更多地作出正确决定的技术指标加以应用。**任何知识都要活学活用才有意义**。第 5 章会结合实操案例，具体介绍一些技术指标的应用。

3.1.3 基本面资料查询功能

证券分析有两种基本方法，一种是技术分析法，另一种是基本面分析法（简称基本分析法）。技术分析法分析的是股票在市场上的供求关系，而基本分析法研究的是宏观经济因素、上市公司所处的行业情况和企业（上市公司）经营状况这三种因素，股市里通常将这三种因素统称为**基本面**。

基本分析法与价值投资有很大关联，基本分析法的信徒和价值投资者都会关注上市公司的**内在价值**，都会分析宏观经济因素和上市公司的行业背景。不过两者也有一些区别，基本分析法的信徒同时关注三种因素对上市公司内在价值和股价产生的影响，有时更关注内在价值，有时更关心股票价格，而价值投资者虽然也会关心股价，但最关注的始终是上市公司的内在价值。

我们从各种证券分析软件中都能查询到一些上市公司基本面的信息，操作非常简单。钱龙软件界面的最上方的菜单里有"基本资料"这一选项，单击该选项就会弹出"F10资料""财务简表"和"基本资料分析"3个次级选项。"基本资料分析"次级选项实际上是用来查询各种分类报价的，而不是用来查询基本面资料。我们先选好一只股票，如千金药业，再选择"财务简表"或者直接在智能键盘里输入11，按Enter键，就可以看到图3.10所示的财务简表界面。

根据这份简表提供的信息，可以了解到千金药业这家公司的"基本情况""股本结构""资产状况""盈利能力"和"最近分配"等情况。

图 3.10　软件财务简表示例

如果想要了解这家上市公司更加详细的基本面信息，可以按照图 3.10 中的提示，去查询证监会指定的上市公司信息披露媒体《中国证券报》等，也可以按 F10 键或在智能键盘里输入 10，再按 Enter 键，在显示的基本面信息查询界面（见图 3.11）中进行查询。

如图 3.11 所示，在这个界面里可以查询这只股票的"最新简况"等 16 个栏目的信息。从图 3.11 中的"最新简况"栏目第 1 页可以看到这家上市公司最近 5 个季度业绩快报中的 8 项主要财务指标。想要了解这家公司近年的其他信息的话，可以选择其他栏目查看。

从图 3.11 可以看出，千金药业目前的总股本接近 4.2 亿股。在上交所主板市场，这样的股本规模是比较小的。从这两年每股收益超过 0.7

元可以看出,这家上市19年的公司经营业绩还是不错的,是一只绩优股。然而相比2020年,其2021年每股收益的增长率仅为1.62%,这就说明千金药业这只股票目前已经进入了成熟期,未来的成长空间并不大。

图3.11 软件基本面信息查询界面示例

3.1.4 板块分类和自选股功能

证券分析软件里还有一些便于查询各种指数和个股情况的分类功能和自选股管理功能。现代社会产业进行了精细分工,上市公司分别属于农业、房地产、重工业、医药、银行、券商等不同行业,在不同的行业中又会细分出不同的行业板块。中国疆域辽阔,不同地方的产业政策各有差异,不同地域的上市公司还可以被划入不同地域板块。

进入 21 世纪以后，新兴产业不断出现，在股市里也催生了许多"概念类"上市公司，如稀缺资源概念、风力发电概念、光伏概念等，这样的上市公司也可以被划入各种概念板块。上交所和深交所除了编制包括两个交易所所有上市公司综合指数之外，还编制诸如上海 50 指数、深证 100 指数等分类指数，属于这些分类指数的不同上市公司又形成了分类指数板块。

如果要查找属于某一板块的上市公司，就会用到证券分析软件的板块分类功能了。要查询某一板块，可以在图 3.1 所示的钱龙软件登录后的界面中选择"板块分析"选项，或依次选择"基本资料分析"→"板块股基本分析"选项，从中选择想要查看的分类板块。

知道市场上的某只热门股票的上市公司属于某板块之后，还可以输入该板块汉语拼音首字母缩写，如输入 NY，然后在智能键盘里输入"农业"，再按 Enter 键，就会弹出图 3.12 所示的界面。农业板块的所有上市公司的股价的情况都会在软件的界面里出现。

农业板块的上市公司数量不多，一屏基本就可以全部显示出来。如果某一行业板块、概念板块或指数板块的上市公司数量较多，就会分多屏显示，用电脑键盘上的 PgUp 和 PgDn 键翻页浏览即可。

沪深 A 股市场有数千只股票，需要经常浏览观察股票行情后再作决定，最终交易的股票可能少则几只，多则十几二十几只，这个时候就需要用到自选股功能了。钱龙软件里专门设有自选股板块，在图 3.8 里单击右键，或者在图 3.12 里选中"丰乐种业"这只股票再单击右键后，在弹出的快捷菜单中选择"加入自选股"选项，就会弹出图 3.13 的"加入自选股"对话框。

第 3 章　证券分析软件

农业	开盘	最新	涨跌	总量	现量	最高	最低	买价	卖价	幅度%
丰乐种业*	868	892	▲036	16.25万	5136	894	861	891	892	+4.21
隆平高科	1856	1856	▲013	19.91万	3383	1873	1801	1856	1857	+0.71
登海种业	2170	2175	▲025	13.91万	1879	2197	2107	2175	2176	+1.16
众兴菌业	742	755	▲015	71932	882	763	735	755	756	+2.03
荃银高科	2400	2457	▲060	73939	1387	2476	2380	2456	2457	+2.50
神农科技	385	412	▲019	25.3万	3431	416	385	411	412	+4.83
雪榕生物*	675	687	▲019	86875	1680	693	670	687	688	+2.84
华绿生物	2216	2269	▲056	12666	233	2308	2216	2268	2269	+2.53
万辰生物	1329	1352	▲041	21541	482	1368	1322	1351	1352	+3.13
亚盛集团*	310	318	▲012	28.18万	2896	319	308	318	319	+3.92
金健米业	760	768	▲009	67790	1502	774	759	768	769	+1.19
敦煌种业	535	556	▲019	12.18万	1340	564	528	556	557	+3.54
新农开发	720	733	▲016	73459	915	737	714	733	734	+2.23
万向德农*	1191	1202	▲017	73031	1081	1207	1176	1201	1202	+1.43
*ST香梨	1082	1100	▲017	8834	311	1101	1082	1190	1101	+1.57
新赛股份	524	547	▲024	14.53万	1561	553	524	547	548	+4.59
北大荒	1325	1328	▲014	79272	1295	1336	1311	1328	1329	+1.07
苏垦农发	1046	1061	▲022	10.6万	1567	1070	1040	1060	1061	+2.12
宏辉果蔬	679	700	▲023	87377	2187	707	679	699	700	+3.40

图 3.12　板块分类界面样板

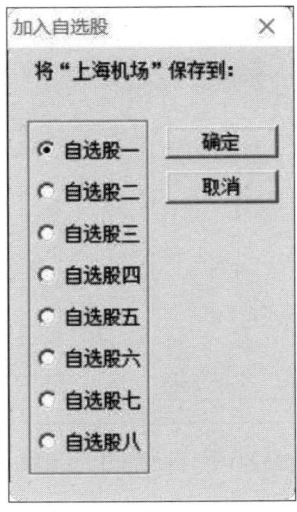

图 3.13　加入自选股对话框

假定选择"自选股一",单击"确定"按钮,这只股票就被选入**自选股一**板块了。可以根据需要将不同的股票放在几个不同的自选股板块里。例如,可以将已经买入的几只股票都放在**自选股一**里,将长期观察的几只股票放在**自选股二**里,将近期市场热点概念股或者板块股里的某几只股票放在**自选股三**里等。

想要查看这些自选股时,直接按 F6 键,或者在智能键盘里输入 06 或 061 就会出现**自选股一**界面;在智能键盘里输入 062 就会出现**自选股二**界面。以此类推,直到**自选股八**。自选股界面如图 3.14 所示。

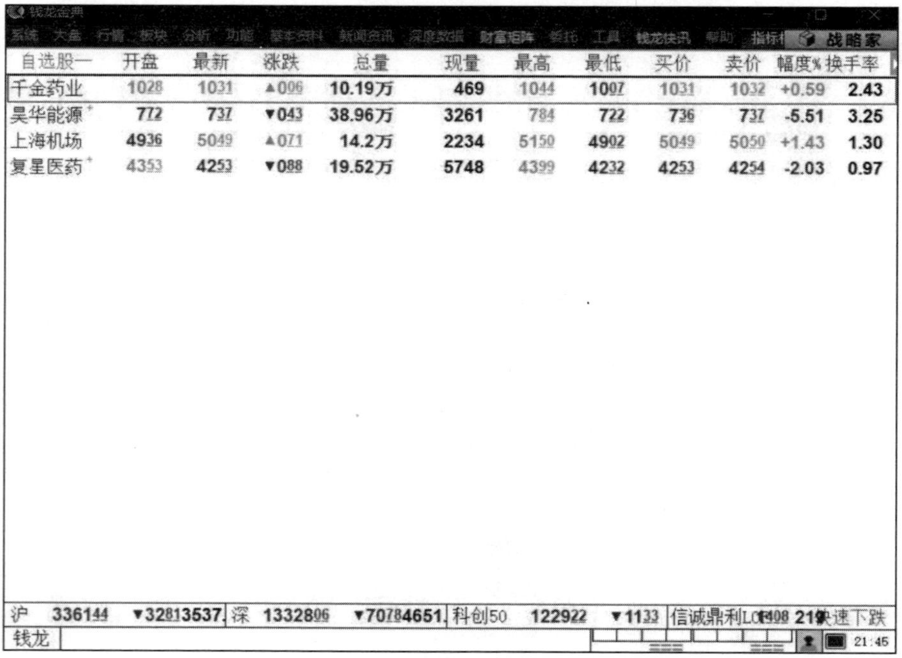

图 3.14 自选股界面示例

3.2 四种常用证券分析软件的特色功能

3.1 节以历史较久的证券分析软件钱龙为例，介绍了证券分析软件的一些基本的通用功能。本节主要介绍市面上四种主要证券分析软件的特色功能。

3.2.1 钱龙的特色功能

钱龙软件中较为实用的一项功能是分析选项里的智能选股功能。单击这一功能，就会弹出图 3.15 所示的"智能选股"对话框。

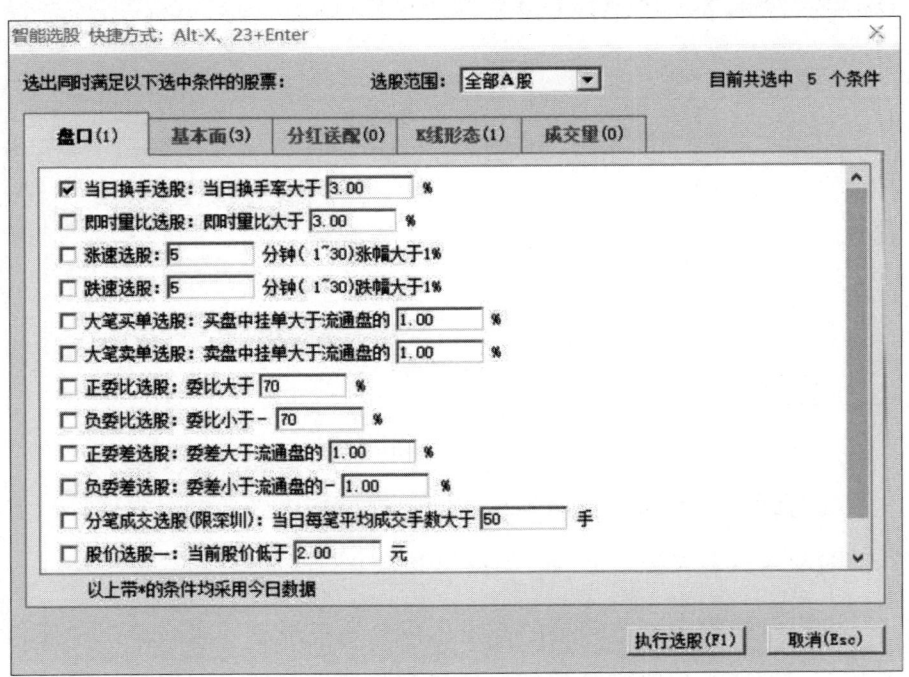

图 3.15　智能选股功能菜单

根据系统给出的五大类选股条件：选择当日换手率大于3%、基本面市盈率低于18倍、每股收益高于0.6元、资产负债率小于40%、K线形态连续2日出现阳线，再单击"执行选股"按钮，然后就会得到图3.16所示的符合所有条件的4只股票。

钱龙软件的另一项较为实用的功能是**深度数据选项**的**股市风云榜**功能。这份风云榜目前包括36份不同的榜单，我们单击"股市风云榜"选项，就能看到具体的榜单列表。这36份榜单大致上可以分为5类：热门概念相关榜单、机构持仓相关榜单、流通股本相关榜单、基本面相关榜单和短线行情相关榜单。可以根据具体需要选择不同的榜单进行观察。

选股结果	开盘	最新	涨跌	总量	现量	最高	最低
越剑智能	27.20	27.52	▲0.67	31715	5	27.65	26.85
九丰能源	31.86	32.12	▲0.67	34334	1	32.80	31.86
富春染织	24.52	25.92	▲1.70	30675	2	26.48	24.52
河钢资源	16.30	16.66	▲0.71	23.18万	11	16.80	15.81

图3.16 智能选股结果

热门概念在不同的时期各不相同，这类榜单必然会经常变动，实操的时候大致上关注一下当时的热门概念个股即可。

机构持仓相关榜单包括的都是上市公司在最新年报或季报中披露的基金、券商、保险和社保等机构投资者近期新买入、增持或减持某些股票的情况。在选择将要操作的个股时，可以将榜单上看到的机构近期的操作状态当作参考。

在流通股本相关榜单中,首先要注意的是**"未来发行上市新股"榜**。无论是老交易者还是股市新手,在持有沪深主板某只或者某几只股票的市值超过1万元,并达到规定时间后,就获得了申购新股资格。

在"未来发行上市新股"榜单上可以看到当天及之后一段时间内将会发行和上市的新股,为申购新股或者在新股上市当天可能买入的操作做好准备。新开股东账户不久的股市新手暂时不用在意代码以30开头的深圳创业板新股和代码以787开头的上海科创板新股,将注意力都放在沪深主板市场将要上市发行的新股即可。

需要注意的另一份与流通股本相关的榜单是"未来两月限售解禁股一览"榜,这里的"两月"指的是交易当月和下一个月。中国大陆A股市场早已进入全流通时代,但是上市公司的国有股和法人股仍然要在经过一定的限售和禁售期后才能解禁上市流通交易。

如果某家上市公司近期解禁上市的股份只占总股本的1%以下,这只股票的日常换手量为平均每天5%以上,那么无论大股东当天是否将这些解禁的股票在市场上抛出,对股价的影响应该都不会太大,可以不用理会。

如果某家上市公司的总体经营状况良好,该公司和几位大股东的财务状况良好,即使该公司近期解禁上市的股份占总股本的10%以上,对股价的影响应该也不大。

然而如果市场正处于牛市的亢奋期,或者大股东的财务出现了问题,就会存在大股东高价减持股份套现的可能性。在该公司的限售股份解禁上市前后,就要特别关注该公司股价的波动情况。如果大股东在市场减持股份较多,就要小心了,毕竟**一家连大股东都没有什么信心、急于大幅减持股份套现的上市公司，其前途肯定不会太好。**

如果关心上市公司经营状况和股价中长期走势，可以参考与基本面相关的榜单，例如年报和季报预盈预增榜单。将钱龙软件收集的不同个股基本面资料里的年度业绩预盈和预增信息汇总起来显示，可以更加便利地观察。

我个人认为最重要的基本面相关榜单是**最近三年业绩连续增长一览榜**。股市里有一句俗语：买股票就是买成长性，经营业绩连年增长的上市公司的股票，正是最理想的买入品种。因为在撰写该部分内容时，上市公司的 2021 年年报尚未公布，所以这时钱龙软件的这份榜单显示的是 2018—2020 年净利润连续增长的个股数据。这份榜单根据个股 2020 年度的业绩增长幅度排序，选取了排名前 300 位的上市公司。

这三年的净利润高增长固然不能保证此后能一直保持增长，但是稳定的增长趋势仍然值得注意。这份榜单前 50 位的上市公司 2020 年净利润都比 2019 年增长一倍以上，我个人认为这样的**短期高速增长**没有多大价值。

一家上市公司的净利润成倍增长终究不是常态，连续数年成倍增长更少见，出现这种情况，往往是因为资产重组或者某种突发性因素造成的，不见得有可持续发展前景。事实上，这些上市公司 2019 年度的增长幅度落差很大，成倍增长的公司有，增长率仅为个位数的公司也有，名列前茅的一些公司在 2018 年甚至是大幅亏损的，说明这些公司的经营是很不稳定的。

这份榜单里排名靠后的大约 80 家上市公司 2020 年净利润仅比 2019 年增长百分之几。其中连续两年的增长率都仅为百分之几的上市公司往往在经营上已经进入成熟期，成长性不足，胜在较为稳定，如果这些公司的近期股价也较为坚挺，那么仍然可以关注，但对其盈利能力的期望值不可太高。

如果 2019 年净利润比 2018 年大幅增长一倍以上，那么可能经营状况很不稳定，不用在它们上面耗费太多精力；如果 2019 年净利润比 2018 年增幅在 30% 到 100% 之间，那么这些 2020 年净利润增幅明显下降的公司可能是 2020 年在经营方面遇到了一些暂时性困难，可以按 F10 键查询一下 2021 年前 3 季度的业绩，如果恢复较高的增长速率，那么可以加入某一自选股板块，以后进一步研究。

这份榜单里最值得关注的是排名第 100 ~ 150 位，2020 年和 2019 年净利润比往年增幅大体上都在 20% ~ 40% 的公司。这些公司的经营状况往往稳中有升，值得投入更多的精力观察和深入研究，从中选股的胜算往往会更高。

3.2.2 大智慧的特色功能

大智慧软件可能是在数据分析方面最精细、最复杂的证券分析软件，有许多独有的技术分析指标，这些指标的计算公式都非常复杂。精通指标计算公式与股票操作业绩并无关系，我一直认为交易者无须了解算式，只需要了解如何运用这些指标操盘即可。

大智慧独有的四维战法模板在 K 线图界面里就能直接选择。**四维战法**指的是将大智慧软件**独有的 4 种技术分析指标（黄金波段、市场热度、黄金狙击、智慧动向）**综合起来应用于股市操盘实战的方法，具体如图 3.17 所示。

技术分析指标关注的都是股价走势，影响股价走势的因素非常多，越复杂的技术指标要考虑的因素就越多，对股价变动的反应往往会"过敏"。

图 3.17 最上方的"黄金波段"指标在 1 年零 4 个月的交易时间里给出了 10 多张"笑脸"买入信号。如果在每个买入信号出现的时候就根据信号的指示买入上海机场这只股票，持股到 2022 年 1 月 28 日收盘为止，账面上很可能不仅没有盈利，而且还有亏损。如果按照"黄金狙击"或"智慧动向"提示的买入信号操作，结果大致相同。

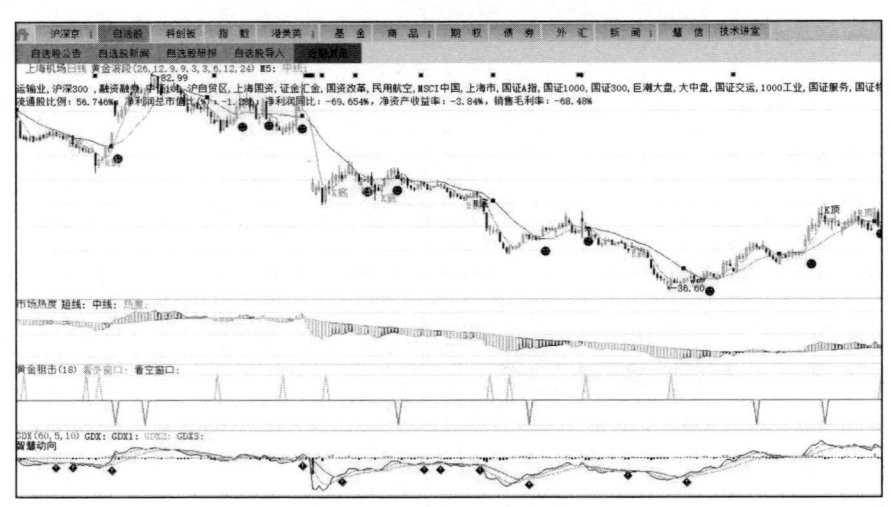

图 3.17　大智慧四维战法示例

如果结合市场热度指标看出这只股票有长期走弱的趋势，则不应该买入。如果该股票的另外 3 种指标在低位发出买入信号，同时市场热度指标显示有走强的趋势，此时买入就可以提高盈利的机会。

大智慧另一项特色功能是可以在**系统指示菜单里选择五彩 K 线功能**。根据技术分析中的 **K 线分析理论**，不同的 K 线组合形态预示着后市的涨跌走势，人们为这些组合形态取了一些名称，如"红三兵""启明星"等。这些 K 线形态在实际应用中可以帮助人们选择买卖股票的价位和时机，但是如果认为将所有组合都了解清楚，然后根据这些组合形态的指示买卖股票就一定能盈利，那还是把事情想得太简单了。

不怕千招会，就怕一招精。我们只要选择某一种或少数几种成功率较高的 K 线形态来辅助作出买卖股票的决定即可。大智慧的五彩 K 线功能可以帮助选择这些特殊 K 线形态。

我个人觉得五彩 K 线里较为实用的是一组**仙人指路形态**。在图 3.18 所示的"系统指示"对话框中依次选择"五彩 K 线"→"上涨 K 线模式"→"U370 仙人指路"。选定之后，K 线图的颜色就会发生变化，从电脑上看到的阳线和阴线都变成淡蓝色,实体空心为阳线,填色为阴线,红色部分就是仙人指路形态（图 3.19 中右起第 3 ~ 8 根 K 线）。

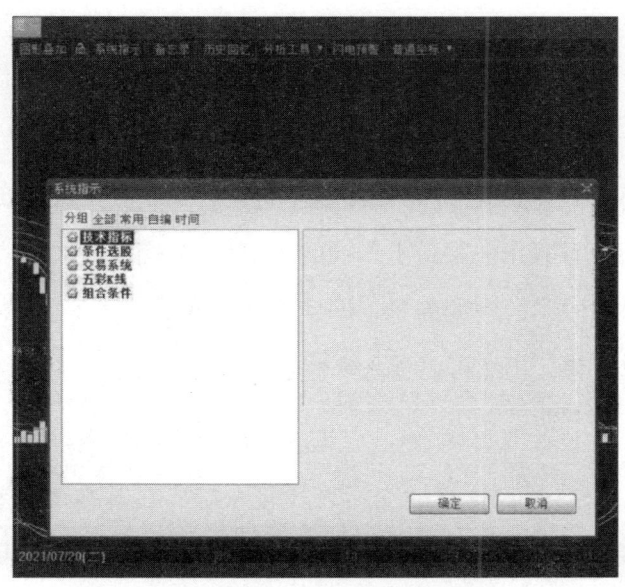

图 3.18　大智慧五彩 K 线菜单

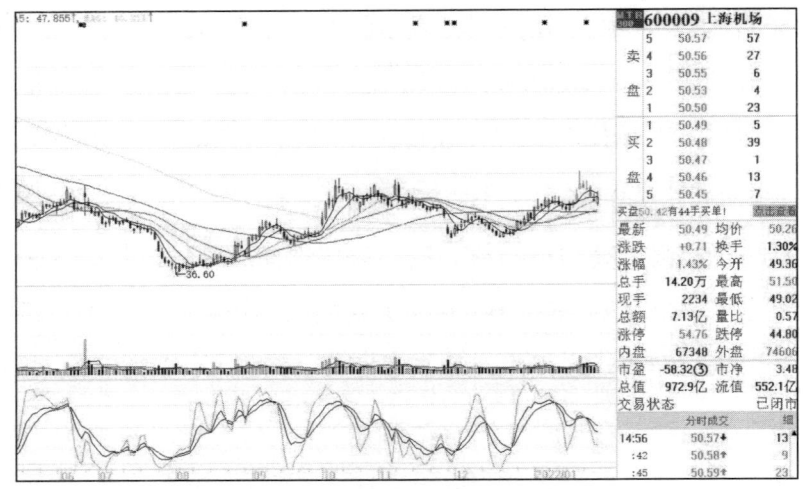

图 3.19　大智慧仙人指路 K 线示例

　　仙人指路 K 线组合通常在**阶段性底部中期、拉升阶段初期和拉升阶段中期出现**。图 3.19 中"600009 上海机场"这只股票在 2022 年 1 月下旬出现的仙人指路，处于拉升阶段中期，股价经过长期下跌，已经从 88.9 元 / 股的最高位跌到 2021 年 8 月 2 日 36.6 元 / 股的阶段性低位，2021 年 10 月中旬到 11 月中旬在拉升阶段初期达到 50～54 元 / 股平台整理期，然后股价回调到 44 元 / 股左右，后又重新上涨到 55 元 / 股左右，在 1 月 21 日收出一根带上影线的小阳线，成交量放大上攻之后回落。可以看好这只股票的中期前景，即使短线出现下跌，一旦某一天重新呈现放量上攻态势，仍然可以买入一些建仓。

　　我本人比较注重基本面，尤其是上市公司的经营状况。**大智慧软件**的基本面资料对我这样的交易者比较友好，在基本面资料的"**财务透视**"选项里可以查阅到上市公司的历年主要财务指标和财务报表信息，资产负债表、利润表和现金流量表一应俱全。

上海机场这家公司从1994年到2019年每年都在盈利，而且大多数年份的利润都处于持续增长状态，2020年和2021年之所以连续亏损，完全是因为新冠疫情造成的航班大幅减少，导致营业收入和利润都受到直接影响。诚然，疫情终究是会过去的，所以这家公司的基本面从根本上仍然是支持股价上行的。

3.2.3 通达信的特色功能

通达信软件的技术分析功能和基本面资料查询功能和钱龙软件大同小异，较为独特的是"**数据功能**"选项。在这个选项中可以查询经过通达信软件分类汇总的各种与股票相关的数据信息，本小节概述一下价值分析和机构持股功能。

通达信的**价值分析**功能分析的并不是完全等于**价值投资者所说的内在价值**，而是中金公司等证券研究机构根据各种信息，对个股上市公司本年度和今后两年的每股收益（EPS）的估值，根据这一估值和市场行情提出的个股参考目标价，以及对个股的评级（买入、增持、中性、减持、卖出和未知6级）；研究机构对银行、仓储物流等50多个不同行业所作的评级和分析概要；最近一年跌破增发价、跌破净资产和跌破发行价的个股情况；最近一年已实施累计派发高股息前100名的股票。这6类信息对于操作股票具有一定的参考意义。

通达信价值分析功能如图3.20所示，如果想要了解研究机构对一定报告时间段（如一周内、一月内、半年内、一年内）内某只股票的研究评级信息，可以选择"个股投资评级"选项后，输入股票代码或者拼音简称进行查询。想要了解另外 5 类信息，我们可以依次单击查看。

通过**机构持股**功能可以了解过去 4 年每一季度机构投资者交易 A 股股票的情况，如图 3.21 所示。可以通过这一功能查询到 13 个机构持有 A 股不同个股的 5 种状态。

图 3.20　通达信价值分析功能

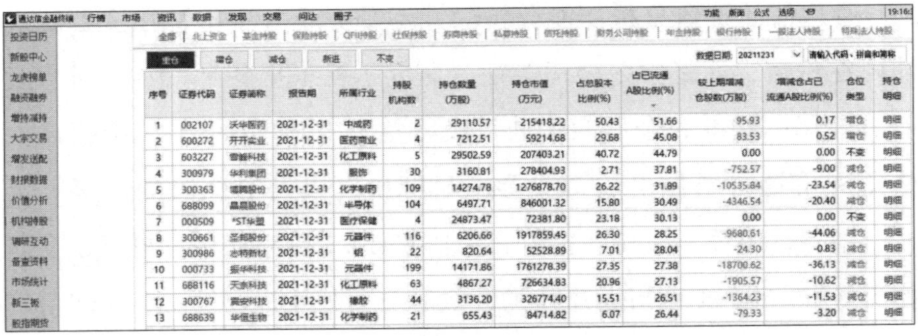

图 3.21　通达信机构持股功能

3.2.4　同花顺的特色功能

同花顺软件较为实用的特色功能有两种。第一种特色功能是直接按 F9 键就会弹出图 3.22 所示的**同花顺诊股功能**。其中显示了交易日当天的诊股信息，输入股票代码或者拼音简称，即可看到系统根据大数据给出的诊股结果。例如，输入股票代码600438，就会弹出当天的诊股结果，如图3.23所示。

从图3.23中可见这只股票的综合评分和5个方面的评分，再往下还能看见5个方面较为详细的信息。这一功能有助于了解股市相关各方面对某只股票的即时观感。

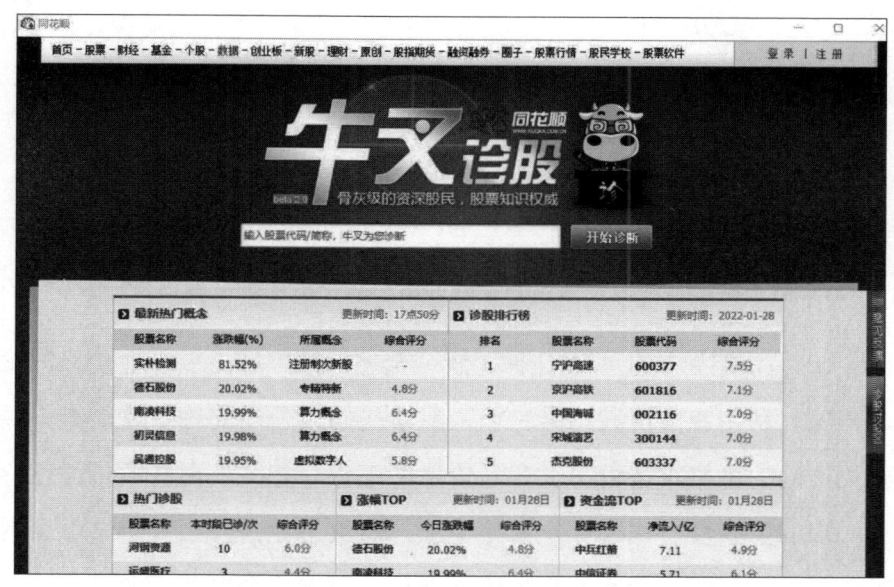

图3.22　同花顺诊股窗口

第二种特色功能是数据功能里的"**财经日历**""**产品价格**""**特色数据**"和"**宏观数据**"功能。

在"财经日历"窗口中可以看到上个月、这个月和下个月共3个月内发生的财经事件和这些事件可能影响的股票板块，提示人们注意的相关信息。

图 3.23 同花顺诊股示例

"产品价格"功能可以让你了解"金融保险"等主要行业价格的变动情况。利用智能检索功能，输入股票代码或公司简称，就能查询到相关产品的价格走势情况，产品价格的走势与相关公司的股价往往存在一定的关联性。例如煤炭价格上涨，煤炭行业的公司股价必然会有所改善。受经济周期影响较大的如航运、采掘、金融类行业公司的经营情况肯定对价格变动比较敏感，所以我们有必要了解相关产品的价格情况。

在网络信息时代，线上销售业务对于上市公司的经营业绩会产生很大的影响，同花顺的"特色数据"功能能够让你了解线上销售行业的销售情况。

在分析股市和上市公司基本面的时候，需要关注的一个重要方面

第3章 证券分析软件

就是宏观经济的影响。"宏观数据"功能能让你了解居民消费、工业生产等4个重要方面的宏观经济数据，这些数据对研判大势和分析个股都有相当重要的意义。

本章简单讲解了证券分析软件的几种基本功能和4种证券分析软件的主要特色功能。交易者拥有几种证券分析软件，就好比设计师拥有各种绘图工具、作家拥有各种辞书和参考书、翻译家拥有各种词典和网络翻译工具一样。我们拥有的是必要的工具，最终的业绩仍然取决于怎样活用这些工具的方法。

第 4 章　常用基本面分析法

前文已经说过,证券分析法分两大类,即基本面分析法和技术分析法。基本面分析法包括宏观经济分析、行业分析和上市公司分析三个方面,本章讲解如何分析这三个方面。

4.1 宏观经济分析

宏观经济分析考察和分析的对象是国民经济活动的整体状态，我们在中国股市炒股票，要关注的自然是本国的国民经济活动。中国国民经济在过去30年间的高增长，是中国股市能够实现多次大扩容，总市值在2021年底突破90万亿元的根本动力。

经济增长势头强劲、工商业繁荣、新兴产业蓬勃发展、企业开工率高、失业率低的经济繁荣期，股市在整体上总是向好，体现在中国股市上就是无论指数如何起伏，股市的扩容一直在推进，总市值一直在增长。

从股票的基本定价原理来说，股价应当是其盈利能力对银行存款利率之比，因此股价应当与利率成反比关系。理论上利率下降，股价会上升；相反，利率上升，股价会下降。实际情况却更加复杂，因为在经济形势整体向好、股市行情向上期间，哪怕利率上升，股市也有可能会保持上升惯性；股市进入长熊之时，哪怕政府想要降低利率刺激股市，也有可能无法阻止股市的惯性下跌。

根据同花顺软件记录的宏观数据，2006年8月19日至2015年10月24日，中国的存贷款基准利率经过了24次变动，其中利率上升12次，消息公布次日沪深股指上涨9次、下跌3次；利率下降12次，消息公布次日沪深股市上涨7次、下跌5次。最近6年多，存贷款基准利率再没有发生变化。

其他比较重要的宏观经济数据有消费品零售总额、房价指数等，这些数据的变化多少都会对股市，尤其是相关行业的上市公司的业绩产生影响，从而影响股价。其中CPI（居民消费价格指数）减去PPI（生产价格指数）的差值与股市的整体走势相关性最为明显。

从整体上来说，企业生产的产品只有被消费才能获得利润，而企业的生产成本主要是用于购买各种生产资料的资金。以巴菲特为代表的价值投资理论提出的一项重要原则就是要寻找高毛利率的公司，而**毛利就是营业收入减去营业成本后，还未抵减其他各项费用的税前利润**。而生产成本通常是营业成本里占比最大的一项成本，所以CPI与PPI的差值在很大程度上能够反映全国企业的整体盈利增长情况。

经济学研究者和观察家经过实证研究，证明CPI与PPI的差值对企业利润，尤其是工业企业利润有较强的领先作用。也就是说，这个数值能够提前反映出未来一段时间工业企业的利润究竟是增加了还是减少了，增速是提高了还是减缓了。

CPI-PPI指标与经济整体增速也有很强的相关性。CPI与PPI的差值越小，即CPI-PPI指标走势向下，说明企业经营成本在增加，企业的利润空间在被压缩，企业利润增速下降，说明经济的整体增速趋缓；CPI与PPI的差值越大，即CPI-PPI指标走势向上，说明企业利润在增长，企业利润增速上升，说明经济的整体增长动力强劲。

从根本上来说，股市涨跌与企业盈利的增长趋势线基本上是吻合的，从常识角度来分析的话，企业盈利处于强劲增长阶段，营业收入和利润都会增长。上市公司的利润增长，内在价值增长，也会推动股价上涨。非上市企业的利润增长，股东或者企业主的收入增加，企业员工的收入增加，他们就有了更多的可自由支配收入，其中的一部分资金也会流入股市，推动股价上涨。

当然，企业盈利的增长趋势线与股市的涨跌趋势在时间上不可能完全同步，两者的涨跌幅度也会有一些差别。总体上来说，企业盈利处于增长上升期，股市会上涨；当企业盈利增长处于回落期时，股市无一例外均会下跌。CPI-PPI指标反映的正是企业盈利增长情况，因此要留意这个指标对股市涨跌将会产生的影响，尤其是在研判股市整体涨跌趋势的时候。

会对股市涨跌产生影响的另一项宏观经济指标是M1（狭义货币供应量）增长率与M2（广义货币供应量）同比（指与上年同期相比的）增长率的差值，这个指标反映的是股市资金供应情况。

M1将货币限定为人们直接在交易中使用的货币，包括流通中的现金和企事业的活期存款。M2的总量总是比M1更大，是M1与企事业单位定期存款、城乡居民储蓄存款、外币存款，以及信托类存款的总和。

如果M1同比增长率与M2同比增长率的差值不断变大，说明各种存款在活期化，企事业单位和居民交易活跃，经济景气度上升。如果M1同比增长率与M2同比增长率的差值不断变小，则说明企事业单位和居民更多地选择将现金和活期存款转存为定期存款，未来可选择的投资机会有限，多余的货币开始从实体经济中沉淀下来，经济运行回落。

因为居民个人用于买股票的资金其实都是从银行活期存款转入股市资金账户的，所以居民投入股市的资金越多就意味着储蓄存款越少，也就是M2的同比增长率必然会下降，那么M1同比增长率与M2同比增长率差值的拐点对股指必然有一定指示作用。因此，无论是从经济运行角度，还是从股市资金供应角度来看，都有必要关注这一指标。

4.2 行业分析

前文已经多次提到各种行业。虽说股票本身是所有权凭证，是一种虚拟资产，但是它存在的基础仍然是实体产业和提供有形产品和无形服务的各行各业，无论要做更关注企业内在价值的投资，还是做更关心股价价差的投机，都不能忘记这一点。说得更加浅显一点，要用一种商品的价差赚钱获利，哪怕手里没有货，也必须有人在市场上提供这种货物。

根据不同的分类标准，我们可以将经济产业划分为多个不同行业。本节会结合实例概括分析 3 个行业大类。

4.2.1 新兴行业

在股市里最惹人注意的行业往往是近年才出现的新兴行业，近几十年出现的信息技术业、各种新兴制造业、新传媒业、节能环保等行业都可以归入新兴行业这一大类。毫无疑问，新兴行业的上市公司是最容易激发机构和散户追捧热情的。股市里有一句谚语："**炒股就是炒未来。**"

我们都不是先知，能记忆的只有过去，能感知的只有当下，未来究竟是什么样子，谁都无法预知，只能去想象。新兴行业最能激发人们的想象力，自然能吸引更多资金去追捧这类上市公司的股票，从而在最短的时间内抬高股价，让投机客得到短期暴发、快速致富的机会。

不过，股市里还有另外一句俗语："**暴涨以后必是暴跌。**"想象力能够创造美好的未来，同时也最容易让人头脑发热、失去理智，群体的狂热性在加速推高股价、堆积泡沫之后，必然会迎来股价的急速暴跌、泡沫破灭，这和新兴行业的发展态势也是一致的。

新兴行业方兴未艾之时，会吸引大量社会资金，投入这些行业的企业会像雨后春笋一样出现，但活力再强、潜力再大的新兴行业在经过最初的高速成长之后，还是会步入成熟期，到了这个阶段，早期投入这些行业的大部分企业都消失不见了，只有少数精英企业才能留存下来。

我在股市开户20年以上，新兴行业其兴也勃焉、其亡也忽焉的例子耳闻目睹过不少。2000年前后，网络科技行业迎来第一波高潮，任何股票的上市公司业务只要和网络沾边就暴涨，网络也推动上证指数从1999年12月的1341.05点一路涨到2001年6月的2245.44点。沪深股市经过早期拆细后股价最早站上百元的股票就是那个时候出现的。然而随着网络泡沫破灭，大量网络科技股都被打回原形，投资网络科技业务的许多上市公司都结束了这些业务。

近年光伏、新能源和锂电池等新兴科技概念股也出现过暴涨热潮。在热潮兴起期间，这些概念股都会吸引大量投机资金流入，在市场上的换手率非常惊人，许多相关概念股都冲上了令人惊叹不已的高股价，也创造了许多暴富神话，**但暴涨之后的大幅暴跌，给更多的人带来的是"财产缩水"效应。**

综上所述，新兴行业虽然非常容易让交易者得到短期暴发的机会，但是不确定性也是最大的。以个人的经验来说，可以在市场上新兴行业类股票的换手率还不是非常高的时候适量介入，争取获得较高的收益；尽量不要在高位介入，如果股价一旦连续暴跌，又没有及时止损出局，再想挽回损失就会非常吃力。我们大可以等市场上对新兴行业的投机浪潮过去、泡沫破灭，进入较为稳健的成长期后，再投资内在价值较为容易确定的公司。

4.2.2 周期性行业

有些行业与国内或国际经济波动的相关性较强，被称为周期性行业。周期性行业又分为工业类周期性行业和消费类周期性行业。

有色金属、钢铁、煤炭等大宗原材料生产加工行业，以及化工、通用建材、工程机械、航运和装备制造业都属于工业类周期性行业，与宏观经济的关联度很高。4.1节里已经说过，我们可以参考某些与股市关联度较高的宏观经济指标辅助对股市整体走势的研判，但是因为宏观经济的复杂性，想要准确预测宏观经济走势基本上是不可能的，哪怕名气再大的经济学家也很难做到。

工业类周期性行业的企业提供的产品和服务其价格波幅巨大，涨跌迅猛，需求变化迅速，变动周期很长。这类企业需要投入大量资金维持，基本上都拥有大量的固定资产，投入产出周期长，利润对产量和市场供求关系的变化非常敏感。哪怕经营状况最稳定的企业，从长期来看，投资价值也是有限的。

这里需要提醒各位读者的是，股本规模非常大的工业类周期性行业的上市公司往往是在**股市处于历史高位时期发行上市的**，因为只有在市场交投最活跃、资金不断流入的时候，才能承接多家"航母"级企业上市。在这种时候，我们在二级市场应当保持冷静，千万不要碰这种超级大盘股，尤其是估值明显偏高的大盘股。

上交所代码为601088的中国神华，其主营业务是煤炭电力，是典型的工业类周期性行业。2007年10月9日，中国神华在A股市场上市，当时的流通股本为18亿股，在一级市场的发行价高达36.99元/股，在二级市场的开盘价是68元/股，每股收益虽然达到1.066元，但是上市开盘的市盈率高达64，这对超级大盘股来说明显太高了。

当时上证指数在历史高位附近，上证指数开盘是5678.91点。2022年1月28日，中国神华的收盘价是22.54元/股，将历年分配的红利复权（钱龙软件的复权功能可通过"功能"菜单里的"权息校正选项"来选择）后的收盘价是38.63元/股；当天上证指数收盘是3361.44点。14年零3个多月的时间里，中国神华的股价比开盘价下跌43.2%，同期上证指数下跌40.81%。如果有人在中国神华上市当天买入并持股至今，亏损比同期跌幅较大的上证指数还要难看。

这类周期性的工业类大盘股也不是绝对不能碰，当股价从高位长期下跌后估值明显偏低时还是可以长期持有的。仍以中国神华为例，这只股票上市以后不久，上证指数就从历史高位一路下跌，在2008年第4季度见到了那一波惨烈熊市屠杀的底部，指数在1664.93~2100点筑底整理。同一时期中国神华的股价介于16~21元/股。

如果在2009年1月的最后一个交易日（当时上证指数为1990点左右），以19.89元/股的价格买入这只股票，到2022年1月28日（上证指数收盘为 3361.44 点），这只股票的复权价格（加上历年累计分红）为 38.63 元/股。在这 13 年间，上证指数上涨了 68.92%，中国神华的涨幅则是 94.22%，成功跑赢了大盘，年单利收益率为 7.25%，年复利收益率为 5.24%。这样的收益率不算特别吸引人，但比银行存款和货币基金等保本型理财产品的回报更高。

银行、证券、房地产、汽车和航空业属于消费类周期性行业，保险业也带有一定的消费类周期性行业特征。这些行业的终端客户大部分是个人消费者，银行等金融机构的终端客户还包括企业。总体来说，这类企业具有一定的品牌效应，但是终端客户的品牌忠诚度是比较低的。

落实到个人身上，各家商业银行的存款利率在基准利率的基础上虽然有一定上浮，但是那点上浮空间对利息收益的影响毕竟很小，钱存在哪家银行差异实在不大。我们开户的证券公司,买保险的保险公司，还有乘飞机出行的航空公司，大致上也是这种情况。

过去 30 年是中国大陆经济高增长和股市大发展的时期，消费类周期性行业上市公司整体上得益于大环境向好。总体来说，只要在相对低位买入，不急于求成，长期持有，回报率都比银行存款和保本型理财产品更高。然而，对于汽车和航空这两个行业的上市公司来说，还是要特别注意甄选，因为这两个行业都需要大量的资本投入，即使业内的上市公司不增发或者配股圈钱，经营收入的现金也经常要被用于购置大量固定资产。

汽车市场的竞争非常激烈，虽然有一定的准入门槛，但是沪深股市的汽车行业上市公司仍有 34 家之多。有的上市公司经营状况一直相当好，业绩优良，股价长期向好；有的上市公司经营非常不稳定，股价波动巨大，中短期虽然有可操作的价差空间，但长期投资非常不划算。

汽车行业的优质上市公司以上汽集团（600104）为例：2009年1月底的收盘复权价为30.03元/股，2022年1月28日收盘复权价为173.24元/股。股价上涨了576.89%，年单利收益率为36.68%，年复利收益率为14.43%，长期投资的回报率相当可观，以下除非特别说明，均以2009—2022年（共13年）为周期进行对比。

汽车行业经营非常不稳定的上市公司可以以一汽解放（000800）为例：2009年1月底的收盘复权价为20.86元/股，2022年1月28日收盘复权价为26.97元/股，股价上涨了29.29%，比同期上证指数的涨幅68.92%还要低将近40个百分点，股价年单利收益率为2.25%，年复利收益率还不到2%，比存4次3年银行定期存款再转1年定期存款的利息收益率还要低，做长期投资绝对不划算。

航空行业对资本投入的要求也非常高，目前国内共有7家航空业上市公司，下面分别进行分析。

（1）ST海航（海南航空）已经连年亏损，情况自然不必多说了。

（2）2018年3月2日上市的华夏航空（002928）首日收盘价29.72元/股、上证指数收盘3254.53点，2022年1月28日收盘复权价28.37元/股、上证指数收盘3361.44点，其间，上证指数略有上涨，它的股价略有下跌，持股更长时间可能的盈亏状况还有待观察。

（3）南方航空（600029）是国内三大航空公司之一，2009年1月底收盘复权价5.13元/股，2022年1月28日收盘复权价11.99元/股，股价上涨了133.72%，比同期上证指数的涨幅68.92%高64.8个百分点

（成功跑赢大盘），股价年单利收益率为10.3%，年复利收益率为6.75%。

（4）中国东航（600115）是国内三大航空公司之一，2009年1月底收盘复权价6.26元/股，2022年1月28日收盘复权价7.9元/股，股价上涨了26.2%，比同期上证指数的涨幅68.92%低42.72个百分点（落后大盘一大截），股价年单利收益率不到2.02%，年复利收益率不到1.81%。

（5）中国国航（601111）是国内三大航空公司之一，2009—2022年这13年间的股价表现比南方航空略强。

（6）2015年1月21日上市的春秋航空（601021）首日收盘价26.15元/股，2022年1月28日收盘复权价115.86元/股，股价上涨了343.1%，比同期上证指数的涨幅高出许多，股价年单利收益率为49%，年复利收益率为23.69%。如果你在春秋航空上市当天收盘前后买入这只股票并持有至今的话，回报率是非常可观的，主要原因是它赶上了2013年6月至2015年6月那波牛市最后5个月上证指数涨幅近67%的行情。

（7）2015年5月27日上市的吉祥航空的情况与春秋航空类似。春秋航空和吉祥航空的股价在2015年6月那波牛市见到各自的复权最高价152元/股和80.1元/股之后的表现其实都不算出色，虽然都领先上证指数，但却再没有创过新高，从2015年6月至今总体来说还是下跌的。

前文提到的汽车股上汽集团，即使是在2015年4月那波牛市的最高复权价182.46元/股附近买入，到2018年3月仍然能看到255.5元/股的新高，持有至今虽有下跌，但复权股价仍为173.24元/股，同期跌幅比所有航空股都低。由此可见，航空股在消费类周期性行业的股票中风险是偏大的，经营状况较好的汽车股更加值得关注。

4.2.3 泛消费类行业

泛消费类行业是指个人用货币购买有形或无形的商品或服务形成的行业大类。消费类周期性行业也可以归入泛消费类行业，既然 4.2.2 小节已经介绍过消费类周期性这一细分行业，本节就不再赘述。这里介绍的泛消费类行业主要包括食品饮料业、日用品业、纺织服装业、传统传媒业、医药业等与日常消费关系密切的行业。

中外股票市场已经多次证明，**泛消费类行业一直是产生长盛不衰上市企业的温床**，那么这些上市企业的股票自然是长线牛股。一代股神巴菲特长期持有的回报率最稳定的企业的几只股票——可口可乐、麦当劳、皇后乳品和吉列等都属于泛消费类行业。多位投资大师都曾经说过类似的话：留意你日常生活中的事物，自然能找到上好的投资对象。

饮料、快餐食品和剃须刀等都是日常生活中经常见到和用到的东西，乍一看平平无奇，不像信息技术、航空航天、光伏和元宇宙这些名词那样高大上，无法激起我们对未来的丰富想象力，但是**在股市能够让我们在未来获得稳定回报、财富增值的恰恰是常年生产这些东西、形成品牌效应的优质企业，而且最好是在市场上形成一定程度垄断经营的企业**。

国内经营不含酒精的软饮料的企业面临可口可乐和百事可乐两大跨国饮料业巨头的竞争，要有大作为比较困难，但是因为中国传统的酒文化因素，国人对白酒，尤其是高端白酒的需求一直保持稳健增长。

即使新生代的部分年轻人更爱洋酒，已经形成消费习惯的老一代和中生代的需求仍然能保证白酒类企业未来的业绩稳中有增。这种成长性反映在股价上就是让股东得到持久的高回报。

以经营高端白酒的上市公司山西汾酒（600809）为例，这只股票在2009年1月底的收盘价为12.19元/股，2022年1月28日的收盘复权价为855.2元/股，股价上涨了6915.59%，大幅领先同期上证指数68.92%的涨幅，年单利收益率为531.97%，年复利收益率为38.68%，以任何投资市场的标准来衡量，这样的投资回报率都可以打满分。

国内还没有像麦当劳这样成功的品牌餐饮类食品企业，食品企业的准入门槛不及高端白酒，这就意味着食品类企业会面临比高端白酒更加激烈的市场竞争，影响行业的整体盈利水平。即使如此，在食品类企业里仍然存在长期投资回报率不错的上市公司。

我们可以看一下这家主营速冻食品业务，已经形成一定品牌效应，拥有品牌忠诚度的食品类上市公司三全食品（002216）。2008年2月22日，三全食品的收盘价57.76元/股，当天上证指数收盘4370.27点。2009年1月底，三全食品的收盘价为28.64元/股，下跌过半；同时期上证指数下跌到1990点左右，跌幅更加惨烈。2022年1月28日，三全食品收盘复权价为148元/股；当天上证指数3361.44点。

从2009年1月底算起，13年间，三全食品的股价上涨了416.76%，远高于同期上证指数的涨幅68.92%，年单利收益率为32.06%，年复利收益率为13.47%。虽说无法与同期的高端白酒股相比，但长期回报率已不算差。

能够与皇后乳品这样的企业类比的国内乳品行业的代表企业是伊

利股份（600887）。伊利股份与山西汾酒同为上交所的老牌上市公司，其 A 股在 2009 年 1 月底的收盘价为 11.03 元 / 股，2022 年 1 月 28 日的收盘复权价为 309.55 元 / 股，股价上涨了 2706.43%，年单利收益率为 208.18%，年复利收益率为 29.24%，远高于同期上证指数的涨幅。这样的投资回报率虽略逊于高端白酒股，但是毫无疑问已经非常丰厚了。

综上所述，行业分析要比宏观分析更为直观，普通交易者也可以根据常识更轻松地分析一个行业的景气状况。然而同一行业的不同上市公司的经营业绩和投资回报率差别往往很大，这就需要更进一步去分析具体的上市公司的经营状况。

4.3 上市公司分析

本章前两节介绍的宏观分析和行业分析都更加侧重于宏观经济因素和行业因素与股价的关系，本节会触及价值投资的核心要素，就是掌握起来比较简单，但实施起来比较困难的对上市公司内在价值的分析和研判。

巴菲特的大名和价值投资理论传入中国的时候，看重价值投资理论的人不是没有，但大多数人认为这种投资理论曲高和寡，尤其不适合投机盛行的 A 股市场。

一方面，即使是今天，中国的大多数普通百姓都不将股票当作投

第4章 常用基本面分析法

资工具，甚至大多数股票交易者也是这种看法。在他们看来，上市公司的经营状况好不好都无所谓，重要的是股价能涨或有波动，股价上涨或者有价差可做，买进卖出就有钱可赚，上市公司只要没有被从天而降的一大堆金砖砸中，业绩再好和交易者都没有关系。

另一方面，上市公司管理层对公司和股市的态度，也让股民对价值投资理论在A股的适用性没有什么信心。虽然类似20年前亿安科技、德隆系和康达尔（中科创业）等上市公司大股东公然操纵股价疯狂投机的个案已经很难再现，但是依然有许多公司管理层将股市当成圈钱发财的工具。

值得庆幸的是，上市公司必须定期向社会公众披露经营信息，我们想要收集它们的信息要比查询非上市公司容易多了。**根据公开披露的财务信息，参考巴菲特提出的几项重要财务准则，即可测算一家上市公司的内在价值。**

一家公司的财务报表主要有资产负债表、利润表和现金流量表。巴菲特提出了价值投资的几项重要财务准则。

（1）重视净资产收益率（ROE，净资产收益率 = 净利润/净资产 = 每股收益/每股净资产），而不是每股收益。每股收益固然重要，但是更加重要的是净资产运营带来回报的能力。

（2）计算真正的"股东盈余"。股东盈余 = 净利润 + 折旧 + 各种分期摊销的费用 − 维持运营必要的资本支出。

（3）寻找高毛利率的企业。长期能维持高毛利率的企业说明企业管理层一直很在意扩大营业收入和控制各种生产成本，应对各种突发情况的能力也较强。

（4）企业每留存 1 元利润，必须至少产生 1 元的市值。以巴菲特为代表的价值投资者并不是完全忽略股票的市价，而是更重视市值与企业留存利润的关系。

巴菲特提出的股东盈余概念在财务报表里不能直接看到，但可以根据现金流量表推算：净利润加上各项折旧和摊销费用（大致相当于现金流量表里的固定资产折旧、投资性房产折旧摊销、无形资产摊销和长期待摊费用摊销之和），再减去维持运营必要的各项资本支出（大致相当于现金流量表里的购建固定资产、无形资产和其他长期资产所支付的现金之和）。

现在就用 4.2 节提到的中国神华、上汽集团、山西汾酒、三全食品和伊利股份这几家上市公司为例，分析 2009 年 1 月至 2021 年 1 月共 12 年内这些上市公司的内在价值。

由表 4.1 可以看出，中国神华的毛利率水平不错，还算稳定，但是净资产收益率的高峰期已过去多年，在经过低谷期反弹之后，近年又在缓慢走低。每股股东盈余在 2017 年达到最高，然后再度缓慢下降，将历年的每股收益和每股股东盈余比较之后，就会发现近年每股股东盈余的增长是因为维持运营的资本支出在减少，每股股东盈余在 2017 年度暴增后，又同每股收益和净资产收益率同步逐年回落，证明未来的成长性并不好。

资本支出减少后，早年较高的净资产收益率也无法维持了。那么历年每股留存利润创造的市值不尽如人意就非常自然了。既然这样，我们也不多费神用每股股东盈余去计算内在价值。

第4章 常用基本面分析法

表4.1 601088 中国神华内在价值分析

年 份	总股本/万元	净资产收益率/%	每股收益/元	每股股东盈余/元	毛利率/%	历年每股累计留存利润与12年累计增长市价情况
2009	1 986 852	19.16	1.5220	0.560	49.32	12年每股累计留存利润9.62元；扣除历年分配利润，12年间股价从19.71元/股跌至17.4元/股，每股市值累计下跌2.31元；每留存1元利润没有创造任何市值
2010		20.31	1.8700	1.196	46.05	
2011		21.08	2.2530	0.799	41.14	
2012		19.92	2.3960	0.680	36.08	
2013		16.81	2.2970	0.712	33.86	
2014		12.98	1.8510	0.682	34.32	
2015		5.48	0.8120	0.497	37.64	
2016		7.51	1.1420	0.885	39.51	
2017		14.67	2.2640	2.483	42.17	
2018		13.94	2.2050	2.338	41.12	
2019		13.2	2.1745	2.242	40.71	
2020		11.14	1.9700	1.915	40.40	

由表4.2可以看出，上汽集团的毛利率不高，从2009年起就从未超过20%，近年都只在10%~14%徘徊。净资产收益率在2010年达到最高峰后，总体呈下降趋势。每股股东盈余在2016年达到顶峰后连降三年，然后在2020年再度出现明显反弹，但是因为净资产收益率和毛利率都降至历年最低，今后的成长性很难预料。

每股留存利润创造的市值虽然略高于中国神华这样的大型煤电企业，但仍然没有达到每1元留存利润至少创造1元市值的标准。根据表4.2分析的初步结果，不用去具体计算这家上市公司的内在价值。

111

表 4.2　600104 上汽集团内在价值分析

年　份	总股本/万元	净资产收益率/%	每股收益/元	每股股东盈余/元	毛利率/%	历年每股累计留存利润与12年累计增长市价情况
2009	655 102.91	17.10	0.774	0.621	12.71	考虑总股本变动因素，12年每股累计留存利润33.224元；扣除历年分配利润，12年间股价复权从6.28元/股涨至39.13元/股，每股市值累计上涨32.85元；每留存1元利润，市值上涨0.989元
2010	924 242.17	27.78	1.611	1.521	19.39	
2011	1 102 556.66	21.37	1.834	1.072	18.75	
2012		18.52	1.882	1.040	16.28	
2013		19.07	2.250	1.290	12.84	
2014		18.97	2.537	1.687	12.36	
2015	1 168 346.14	17.91	2.702	1.869	11.42	
2016		17.53	2.903	2.092	12.87	
2017		16.87	2.959	1.561	13.47	
2018		15.67	3.082	1.328	13.25	
2019		10.53	2.191	1.039	12.15	
2020		8.02	1.752	1.694	10.76	

由表 4.3 可以看出，山西汾酒的毛利率在上市公司，甚至在白酒行业中也是名列前茅的，常年稳定在 67% 以上，即使在 2012 年底受到白酒塑化剂指标超标事件影响，营业收入连续下降，净资产收益率随之下降，股价连年走低，毛利率也没有受太大影响。除受塑化剂事件影响的那几年外，其他年份的净资产收益率都呈现稳健增长态势。2017—2020 年，在摆脱塑化剂风波的影响之后，每股收益和每股股东盈余连年递增，股价在市场上的表现也最好。

在 2009 年 1 月到 2021 年 1 月共 12 年的时间里，山西汾酒每留存 1 元利润创造了 26.296 元的市值。根据对表 4.3 的综合分析，在正常经营的年份，是较为容易估算这家上市公司的内在价值的。

表 4.3　600809 山西汾酒内在价值分析

年　份	总股本/万元	净资产收益率/%	每股收益/元	每股股东盈余/元	毛利率/%	历年每股累计留存利润与12年累计增长市价情况
2009	43 292.41	23.00	0.8200	0.8220	74.87	考虑总股本变动因素，12 年每股累计留存利润 28.02 元；扣除历年分配利润，12 年间股价复权从 12.03 元/股涨至 748.84 元/股，累计上涨 736.81 元/股。每留存 1 元利润，市值上涨 26.296 元
2010	43 292.41	27.55	1.1420	0.8080	76.59	
2011		34.50	1.8030	1.2980	76.00	
2012	86 584.83	44.11	1.5330	1.2830	74.77	
2013		25.62	1.1092	0.6260	75.07	
2014		9.28	0.4109	0.1460	67.44	
2015		12.52	0.6013	0.4840	67.37	
2016		13.24	0.6989	0.7370	68.68	
2017		18.74	1.0999	1.1846	67.34	
2018		24.74	1.7405	1.8261	68.68	
2019	87 152.83	27.39	2.2691	2.2517	73.36	
2020		35.09	3.5504	3.4999	72.15	

由表 4.4 可以看出，三全食品的毛利率一直稳定在 29% 以上，和白酒类企业比起来显然有较大差距。净资产收益率历年都不高，在 2020 年突然达到接近 30% 的顶峰，但毛利率却是 12 年来最低的。

根据上市公司已经披露的 2021 年度的 3 份季度报表来看，与

2020年同期相比，三全食品的毛利率再度下降，净资产收益率也在降低。每股股东盈余在12年里有7年出现负值，2020年度的最高值在今后是否可持续增长是相当可疑的。虽然每留存1元利润在市场上创造了接近18元的市值，但这家上市公司的内在价值还是很难确定的。

表4.4　002216 三全食品内在价值分析

年　份	总股本/万元	净资产收益率/%	每股收益/元	每股股东盈余/元	毛利率/%	历年每股累计留存利润与12年累计增长市价情况
2009	年初9 350.00，年终18 700.00	10.22	0.50	0.114	35.72	考虑总股本变动因素，12年每股累计留存利润11.33元；扣除历年分配利润，12年间股价复权从28.64元/股上涨至232.247元/股，累计上涨203.607元/股；每留存1元利润，市值上涨17.97元
2010	18 700.00	12.43	0.66	0.181	33.44	
2011	20 105.44	11.09	0.72	−0.969	31.92	
2012		8.43	0.70	−0.240	33.60	
2013	40 210.88	6.78	0.29	−0.207	34.92	
2014		4.44	0.20	−0.204	34.58	
2015	80 421.75	1.87	0.04	−0.187	32.93	
2016	81 468.19	2.09	0.05	0.016	35.14	
2017	81 522.42	3.69	0.09	−0.038	33.92	
2018	80 966.47	4.99	0.13	−0.189	35.52	
2019	80 207.45	10.20	0.27	0.158	35.17	
2020	79 925.82	29.39	0.96	0.800	29.87	

由表4.5可以看出，无论股本怎样扩张，伊利股份的毛利率一直维

持在 28% 以上，近年一直都维持在 35% 以上，净资产收益率从未低于 20%。每股收益在经过股本扩张后，仍然能够维持在高水平，但是每股股东盈余不是太稳定，12 年里有 5 年出现负值，2013 年不足 0.1 元，显然为了维持运营存在较大的资本性支出。

表 4.5 600887 伊利股份内在价值分析

年 份	总股本/万元	净资产收益率/%	每股收益/元	每股股东盈余/元	毛利率/%	历年每股累计留存利润与 12 年累计增长市价情况
2009	79 932.27	20.78	0.81	0.701	35.13	考虑总股本变动因素，12 年每股累计留存利润 25.66 元；扣除历年分配利润，12 年间股价复权从 9.19 元/股上涨至 273.295 元/股，累计上涨 264.105 元/股；每留存 1 元利润，市值上涨 10.29 元
2010		20.28	0.49	−1.233	30.27	
2011	159 864.55	35.53	1.13	−0.783	29.28	
2012		25.97	1.07	−0.298	29.73	
2013	204 291.40	23.15	1.11	0.083	28.67	
2014	306 437.10	23.66	0.68	−0.125	32.54	
2015	607 900.01	23.87	0.76	0.452	35.89	
2016	607 849.26	26.58	0.93	0.633	37.94	
2017		25.22	0.99	0.676	37.28	
2018	607 812.76	24.33	1.06	0.487	37.82	
2019	609 637.89	26.38	1.15	−0.048	37.35	
2020	608 262.48	25.18	1.17	0.499	35.97	

根据伊利股份 2021 年前 3 个季度的季报，这一年度的每股股东盈余应该还会比 2020 年有所增长，但是因为这家上市公司经常要耗费现金购置固定资产，今后的每股股东盈余仍然存在一定的不确定性。虽然说根据每股股东盈余估算的上市公司每股内在价值本身也是个估值，但是估算对象的每股股东盈余状况还是应尽量确定，至少波动不能太大。

经过对上述 5 家上市公司的列表分析，最终确定可以估算内在价值的上市公司是山西汾酒，因为它是经营和财务状况最为稳定的公司。2009—2020 年，山西汾酒的每股股东盈余（考虑到股本扩张因素）年复合平均增长率为 19.5%。

根据 2021 年度山西汾酒的前 3 个季度的财务报表，可以估算出其年度每股股东盈余增长率应当至少和上一年度相同，但是为谨慎起见，还是假设 2021—2030 年的共 10 年间，该公司的每股股东盈余增长率为 18%；此后 10~20 年，每股股东盈余增长率降为 8%，到第 21 年就停止增长。2020 年度每股股东盈余四舍五入取值为 3.5 元。

2009—2020 年共 12 个年度，考虑股本扩张因素，山西汾酒每股合计派发现金红利 5.02 元，平均每股每年派现 0.42 元。假设 2021—2030 年，这家公司仍然维持这一派现率，从 2031 年起再也不分红派现。

因为今后的货币购买力肯定会受到通货膨胀的侵蚀，所以要估算上市公司的内在价值，就要确定一个折现率，可以取目前的长期贷款利率的整数值，即 5% 为折现率。然后就可以估算这家公司在 2020 年底的内在价值了，山西汾酒每股股东盈余估算见表 4.6。

第 4 章 常用基本面分析法

表 4.6 山西汾酒每股股东盈余估算表 单位：元

第一阶段（年平均增长率 18%），这一阶段在计算本年度每股股东盈余时，需要扣除上一年度的分红			
年份	每股股东盈余估值	每股折现值	每股预估分红	每股折现值
2021	4.1300	3.5333	0.42	0.4000
2022	4.3778	3.9708	0.42	0.3810
2023	4.6702	4.0343	0.42	0.3628
2024	5.0152	4.1260	0.42	0.3455
2025	5.4223	4.2485	0.42	0.3291
2026	5.9027	4.4047	0.42	0.3134
2027	6.4696	4.5978	0.42	0.2985
2028	7.1385	4.8316	0.42	0.2843
2029	7.9278	5.1103	0.42	0.2707
2030	8.8592	5.4388	0.42	0.2578
本阶段折现总值 = 本阶段股东盈余折现值之和 + 预估分红之和 =44.2961+3.2431=47.5392			
第二阶段（年平均增长率 8%），这一阶段不分红			
2031	9.1143	5.3289		
2032	9.8434	5.4812		
2033	10.6309	5.6378		
2034	11.4813	5.7988		

续表

2035	12.3999	5.9646		
2036	13.3919	6.1350		
2037	14.4632	6.3100		
2038	15.6203	6.4906		
2039	16.8699	6.6760		
2040	18.2195	6.8667		
本阶段折现总值：60.6896				
第三阶段（停止增长）				
2041年以后	18.2195	6.8667		
本阶段折现总值=2041年以后的每股股东盈余/折现率=6.8667/0.05=137.334				
总内在价值 = 三阶段折现总值之和 =47.5392+60.6896+137.334=245.5628				

根据估算可知，2020年底山西汾酒的内在价值为245.56元/股。2020年，经过大约3个月的盘整，这只股票的股价从年初开盘的88.91元/股一路上涨，到11月初，股价已经涨至240元/股的内在价值附近，但是因市场对白酒股的持续追捧，至2021年6月7日达到503元/股的最高价。

现在回想一下对上市公司内在价值的估算步骤，就会发现，如果山西汾酒的每股股东权益从2021年起第一阶段的10年内保持平均40%的年复合增长率，然后在第二阶段的10年保持平均18%的年复合增长率，其500元/股以上的高股价才可以维持。

山西汾酒在2020年度的每股收益和每股股东权益增长率固然达到了55%以上，但从2021年前3个季度的财务报表数据来看，2021年度的增长率甚至比55%还要高，这也是推动股价一路涨到503元/股高位的重要基本面因素。然而从山西汾酒过去10多年的经营状况来看，这样的高增长率能否长期保持需要打一个问号。

2021年6月以后，和其他高端白酒股一样，山西汾酒的股价也开始下跌。2021年7月2日10送4股之后，估算的内在价值也要相应除权，即245.56/1.4=175.4（元/股）。2022年1月28日，山西汾酒的市值仍在275.15元/股。

我们分析和估算上市公司的内在价值，**目的在于以低于内在价值的价格购入这只股票，在股价回归甚至高于其内在价值以后，自然就能获得丰厚的回报**。山西汾酒在2022年春节前后的股价处于高位，比用较为稳健的三阶段增长率估算的内在价值高出将近57%。

按照价值投资分析的另一项重要要求，即以低于内在价值较大的折扣率出价买入股票（巴菲特将这样的上市公司称为"城堡"，折扣率称为"护城壕"），显然在275元/股左右的价位买入山西汾酒的股票会承担巨大的隐藏风险。

2020年以前就以低价买入这只股票的股东自然可以依托护城壕，在城堡里继续观察这座城堡是否能够建造得更为巨大。其他人与其在这个时候争先恐后地进城，还不如根据观察这座城堡绘制的图样，去寻找还没有多少交易者入城，有宽阔险峻的护城壕护卫的其他城堡。

第 5 章　常用技术分析方法

在第 3 章介绍常用的证券分析软件时，已经讲解过一些技术分析的基本概念。本章将结合沪深股市大盘指数和具体个股，具体地讲解一些常见的技术分析方法。技术分析指标很多，有些软件还有自己的特色指标，但是只要掌握了常用的基本技术分析指标的用法，能够活学活用，实操效果就不会比那些依靠烦琐公式计算的特色指标差。

5.1 K 线图分析

第 3 章已经介绍过 K 线图的一些情况，通过证券分析软件中的 K 线图能够直观地了解股价在一个周期内的走势，可以说 K 线图分析就是技术分析的基础。正如学下象棋要熟悉一些最基本的行棋着法和棋形一样，要想将 K 线图分析应用于股票实操，也有必要了解一些最基本的 K 线图形组合。

1. 早晨之星

早晨之星如图 5.1 所示。在图 5.1 左侧，在周 K 线的下降趋势中，左起第 9 根周 K 线出现一根抛压强劲的相当长的实体阴线，显示短期走势可能仍然向下，跌势很可能会继续，然后股价重新一路走低。

第 2 周出现了一根向下跳空低开的十字形 K 线，最高价可能与上一周的最低价相差不远，显示跌幅及波幅已略有收缩，那么接下来一段时间的走势可能转好。

第 3 周出现了一根实体较长的阳线，买盘强劲，显示该股的市场走势在接下来几周时间会转好，逐步收复一些失地。然后从这一周开始，果然出现了一波连续 4 周的反弹走势。图 5.1 左起第 9～11 根周 K 线的组合，就是早晨之星组合形态的一种。

第 5 章 常用技术分析方法

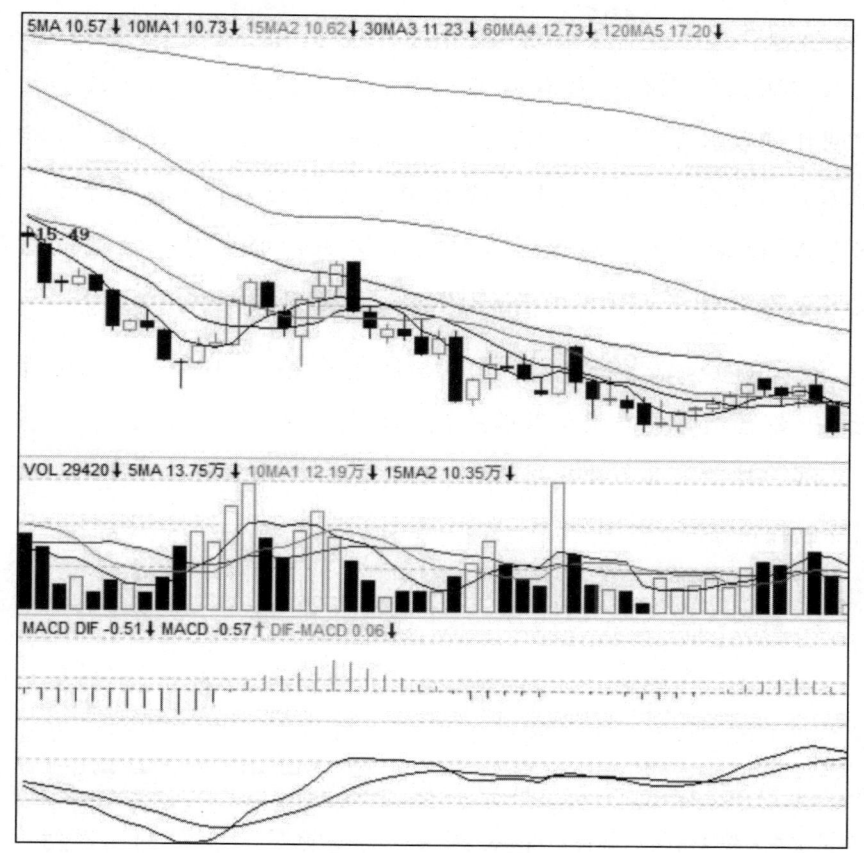

图 5.1 早晨之星示例

看到这里，读者会问，为什么这轮反弹行情持续时间没多久呢？不错，在出现早晨之星的形态之后，股价继续上涨了 3 周，又下跌了 2 周，然后出现一根**穿头破脚的阳线**（一根阴线之后收出的一根阳线实体比阴线实体更长，开盘价比阴线收盘价更低，收盘价比阴线开盘价更高，这样的一根阳线就是穿头破脚的阳线。如果先出现的一根实体更短的 K 线是阳线，而后出现的实体更长的 K 线是阴线，那么后面的一根阴线就是**穿头破脚的阴线**）后又反弹了 2 周，接着又是一路下跌。

123

从图 5.1 中的周成交量指标可以看出，之所以出现这种情况，是因为成交量没有被有效放大，第二波为期 3 周的反弹比第一波为期 4 周反弹的平均成交量更少，图中的 K 线形态和**移动平均线**显示股价总体上仍然处于**下降通道**，走势仍然朝下。图 5.1 下方的 MACD 指标也显示该股处于弱势区域，那么这一波上涨行情就只能是反弹，而无法形成持续多周上涨的反转行情。

这样的实例清楚地说明，包括早晨之星在内的任何一种 K 线组合形态，都要**结合成交量和其他的某一种或几种**（我个人认为除了移动平均线之外，最多不要超过 3 种）技术指标综合分析，才能得出较为可靠的投资参考。

2. 黄昏之星

如图 5.2 左侧所示，这只股票在上升通道运行若干周后到达阶段性最高价 15 元/股，然后下一周仍然收出一根中阳线，显示出继续上涨的趋势；再下一周就出现一根类似十字形的细锤形 K 线；接下来的第 3 周又出现一根长阴线，一连两周卖盘都相当强劲，成交量均线和 MACD 指标中的 DIF（电脑界面里 DIF 趋势线为白色）都扭头向下。这样的 K 线组合形态就是黄昏之星的一种。

与早晨之星正好相反，黄昏之星是在上升趋势中出现的向下转势的信号。从图 5.2 中可以看到，这样的 K 线组合形态出现在上升趋势中是需要警惕的，再结合其他技术指标来看，图形上已释放出比较明确的向下反转的回调信号。此时，如果我们持有这只股票，只想赚取差价获利，且无意长期持股的话，就要卖出手中的股票，以避免今后的下跌损失；如果还没有买入的话，就不建议买入该个股。

需要指出的是，最为标准的早晨之星和黄昏之星，即第 2 个 K 线周期的十字星应当跳空低开或跳空高开的情况并不常见，所以**在运用技术分析工具的时候，切忌按图索骥，生搬硬套。**

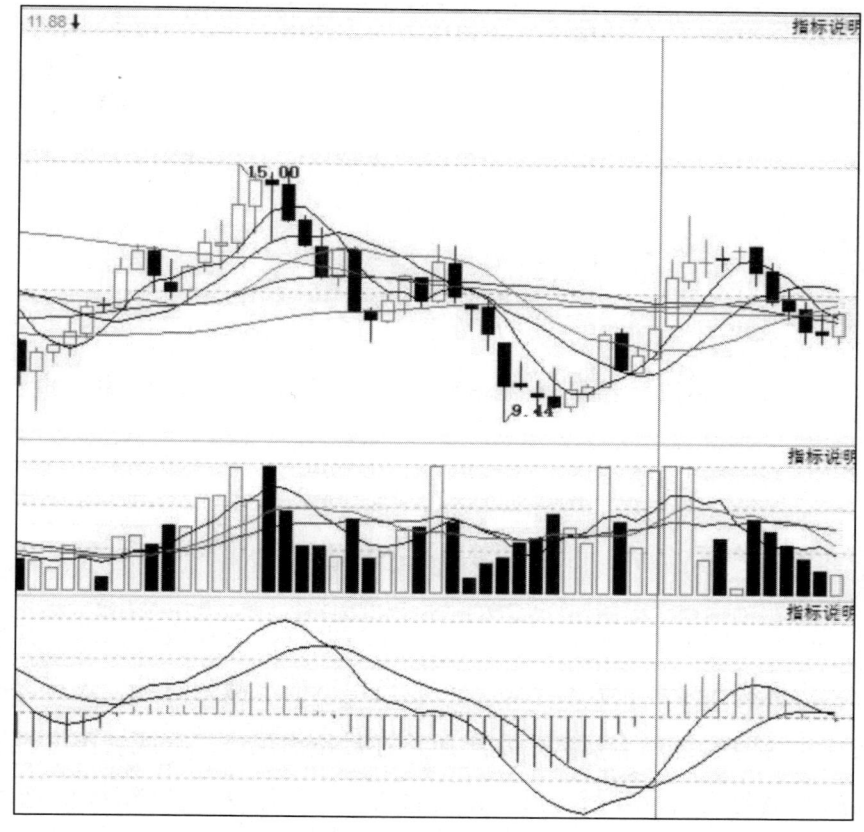

图 5.2　黄昏之星示例

3. 红三兵

如图 5.3 左侧所示，这只股票的股价在经过一段时间的温和放量上涨之后，从图 5.3 左起的第 10 根日 K 线开始连续 3 日都收出带明显实体的阳线。这 3 天股价的收盘价都高于前一天的收盘价，每天的开盘价在前一天的阳线实体之内，每天的收盘价在当天的最高价或接近最高价，即**低位红三兵组合**。在股价的K线形态出现低位红三兵组合后，虽然经过一段时间的**缩量调整**，股价仍然稳步上涨，在这一波行情里翻了一倍。

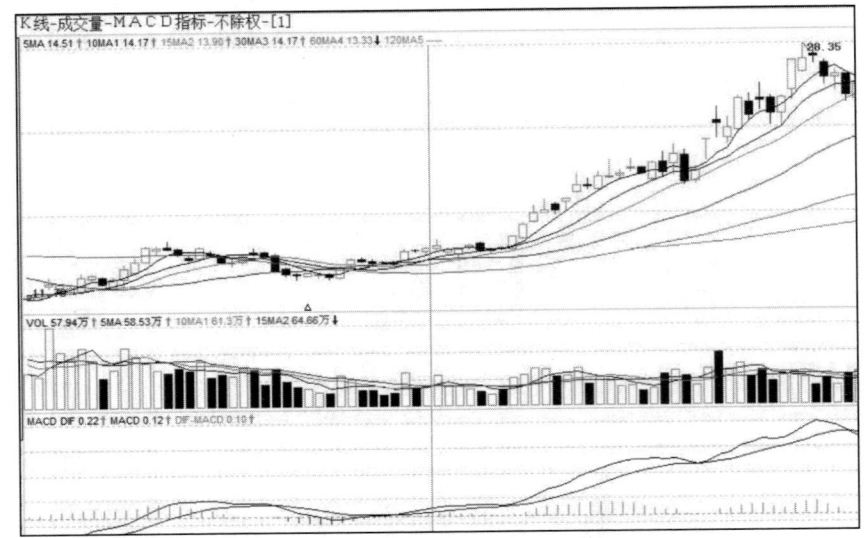

图 5.3　红三兵示例

需要着重指出的是，只有股价在相对低位，温和放量，结合其他技术指标都显示股价在今后的一个阶段很可能上涨的时候，才可以根据红三兵的K线组合买入。如果**股价在高位出现红三兵或者类似红三兵的K线组合**，反而很有可能是主力资金在利用这一众所周知的看涨K线组合，**故意诱多出货**。

在这种情况下，除非股价仍然低于每股**内在价值**一定的空间，否则最好抛出持有的股份，还未持股的不要急于在这个时候买入。

4. 三只乌鸦

最标准的三只乌鸦K线组合，应当在上升趋势中连续三天出现长阴线，而且要满足3个条件：每根阴线的收盘价低于前一天的最低价；每天的开盘价在前一天的实体之内；每天的收盘价等于或接近当天的最低价。

然而中国股市发展到今天，大主力大机构在股价涨到高位，需要出货的时候，很少会让K线组合做出完全符合上述要求的形态。

图5.4中的这只股票在198.08元/股见顶后，走势已经无力再维系高股价，在见顶后的第11~13个交易日，连开3根中阴线，这就是高位三只乌鸦形态的一种。后来股价即便偶有反弹，还是一路下跌，近日与最高价相比已经缩水超过40%。

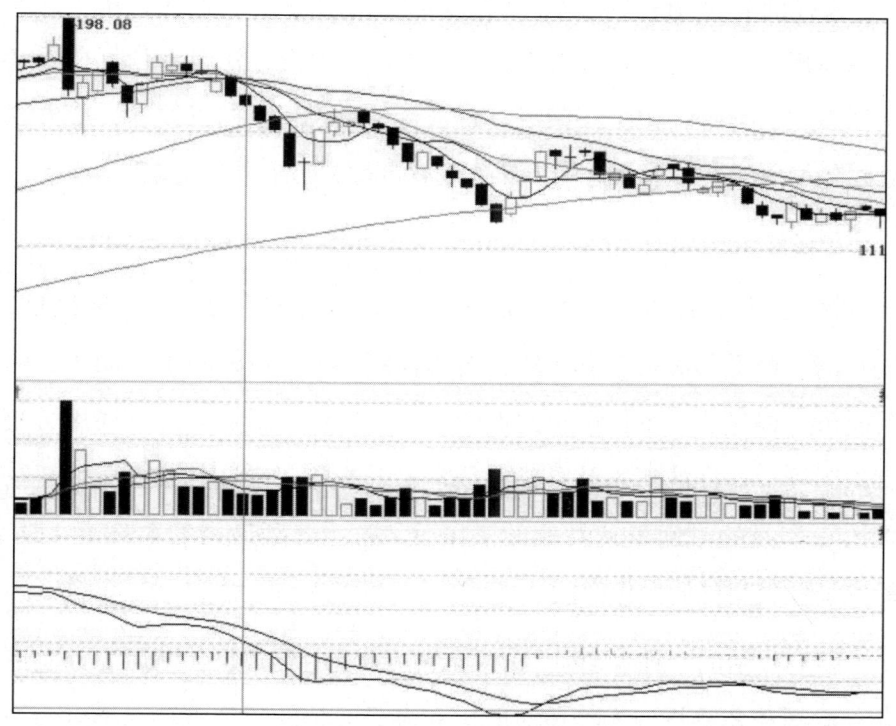

图5.4 三只乌鸦示例

如果股价在低位出现三只乌鸦的类似形态，不要恐慌，因为这有可能是主力资金在故意打压股价洗盘，或许不久股价就会上涨。

5. 揉搓线

在某只股票的 K 线走势图中，前后两天收出**一反一正两根 T 字或者类似 T 字形态**的 K 线，就是所谓的揉搓线。第 1 根必须是收出较长上影线的反 T 字形 K 线，第 2 根必须是收出较长下影线的正 T 字形 K 线，这两根 K 线可以有并不长的实体，实体的另一边可以有较短的反向下影线或上影线。

这样的 K 线组合形态在画面上看类似螺旋桨，人们通常认为这种形态体现了主力资金在股价上升趋势中的一次震荡洗盘动作，如果这一形态之后的是一根上涨阳线，后来无论是否还会向下波动，股价的总趋势如果向上，那么这两根揉搓线就可称为"上升螺旋桨"。

揉搓线示例如图 5.5 所示。

图 5.5 中个股的日 K 线在收出最左的一根实体较长的中阴线后，先收出一根上影线长于下影线、实体很短的类似倒转的 T 字阳线，然后收出一根光头、实体很短的类似 T 字的阴线，最后收出一根光头光脚的阳线。这样的形态就是揉搓线、上升螺旋桨。这一波上涨行情在大约一个月的时间里从最低的 7.16 元 / 股上升到最高的 8.33 元 / 股，提供了低吸高抛的操作空间。

以上介绍的 5 种 K 线形态组合在股市里流传了很长时间。其实证券分析师和各路投资人经过对股市和多只股票的长期观察，不时会提出一些新的K线组合形态。在各种媒体上发言的分析师和投资人往往只是泛泛而谈，不会详细说明这些形态究竟在怎样的具体条件下才有最大的参考意义和价值。

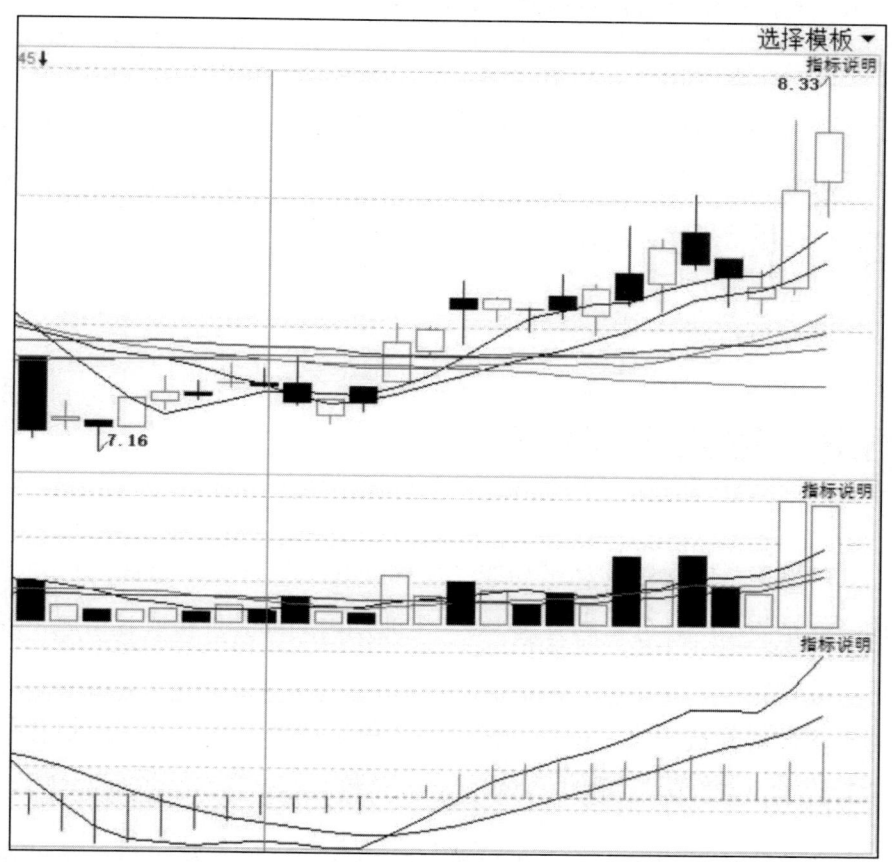

图5.5　揉搓线示例

我听说了一种大概率看涨的K线组合形态——**一阳盖三线**。这种形态在K线图上的具体形态是：一根阳线的收盘价比前三根K线（无论阴阳）的收盘价都更高。认为这样的话，后市大概率会上涨。观察过多只股票，就会发现事实并没有那么简单，在**高位**出现这种形态，股价大概率会下跌，就像高位红三兵一样，如果个股的走势仍然处于跌势之中，在下降通道里运行，这种形态照样没用，只有在进入上升通道、股价在**低位或者温和放量上涨**时才有用。

我们在听说一种K线形态时，千万不要人云亦云，不假思索地用于实操，必须亲眼观察证券分析软件中的股票K线走势图形，来判断股价走势在出现这种K线形态后，满足怎样的具体条件后能够上涨或下跌，再用于指导实操。

5.2 移动平均线分析

在第3章中提过移动平均线（简称均线）这种技术指标。移动平均线就是使用统计分析的方法，对一定时期内的证券价格或者指数（现在一般都取某一交易周期的收盘价）算出平均数值，再将不同时间点的平均数值连接起来，这样在图纸或者电脑屏幕上就形成了一根移动平均曲线，可以用来观察股票等证券的价格和各种指数的变动趋势。

说到移动平均线，不得不提最早推出这一证券分析工具的美国投资家约瑟夫·格兰维尔（Joseph Granville）和他提出的格兰维尔八法则。

（1）均线走势从下降逐渐走平，然后略向上方抬头，同时股价从均线下方向上突破，为买入信号。

（2）股价在均线上方运行，回落时没有跌破均线，然后又再度上升，为买入信号。

（3）股价在均线上方运行，回落时跌破均线，但短期均线继续呈上升趋势，为买入信号。

（4）股价在均线以下运行，突然暴跌，距离均线很远，极有可能在今后再度向均线靠近（物极必反，下跌后必有反弹），为买入信号。

（5）股价在均线上方运行，连续数日大涨，离均线越来越远，说明买入方获利丰厚，随时都会产生获利回吐的卖盘压力，应**暂时**卖出持股。

（6）均线从上升逐渐走平，而股价从均线上方下跌到均线下方，这说明卖方压力逐渐增大，应卖出所持股票。

（7）股价在均线下方运行，反弹时没能突破均线，同时均线的跌势减缓，逐渐走平后又再度呈现下跌趋势，应当卖出所持股票。

（8）股价反弹后在均线上方徘徊，而均线却继续下跌，最好卖出所持股票。

从5.1节相关示例中可以看到，任何证券分析软件都可以设置和显示多根彩色均线，所以在实操中对这八项法则的应用更加复杂，而短线操作、中线操作和长线操作主要参考的均线周期肯定不同。

在5.1节的多幅图中都看到过移动平均线，实际上在几乎所有的证券分析软件里，K线图表里都直接附带移动平均线指标，可以说移动平均线就是K线图的"亲兄弟"之一。

上海机场（600009）走势如图5.6所示，K线图对股价的变化最为敏感，当天的股价究竟是涨是跌一目了然，将多根日K线组合起来，能够让人一眼就看出一段时期内的股价涨跌趋势。

图 5.6 中的移动平均线（在电脑屏幕上移动平均线为彩色，即白色 5 日线、黄色 10 日线、玫红色 20 日线、绿色 30 日线、棕色 60 日线、紫色 120 日线）也可以反映股价的涨跌趋势，但 K 线图的这 6 个均线兄弟**反应相对滞后**，年龄越大（均线周期越长）的兄弟反应越慢。

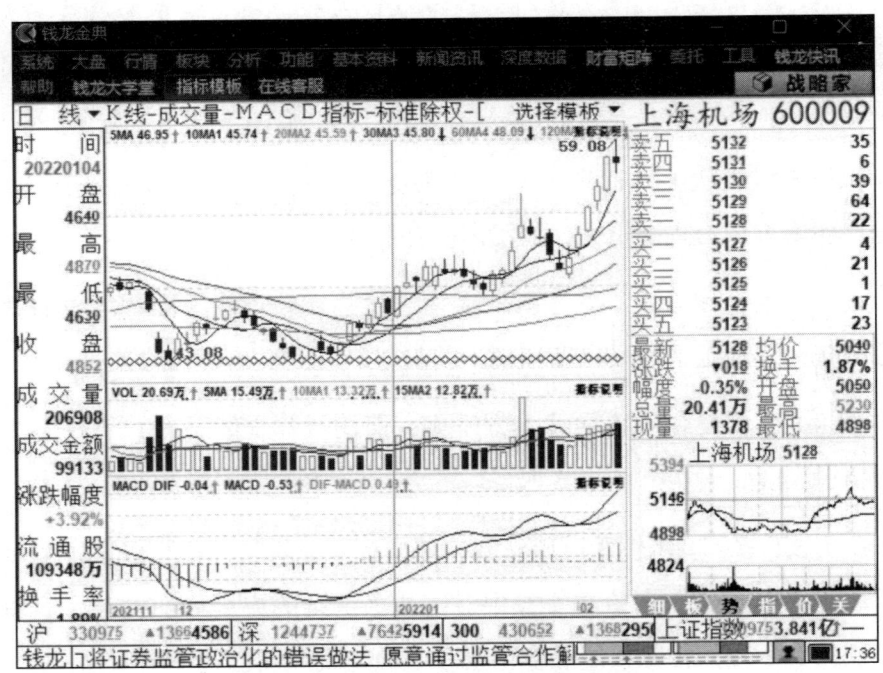

图 5.6　移动平均线示例 1

于是我们就看到，图 5.6 中的 5 日线起伏和 K 线的变动趋势基本上一致，但是略有滞后，非常明显的就是图 5.6 右侧股价在连续 5 天收中阳线上涨之前连跌 4 天，5 日线到了第 3 天才下降。周期越长的均线波动越不明显，120 日线在相当长的一段时间里几乎是平的。这是因为这些均线的变动反映的不是一天的价格变化，而是一定周期的变动，一天的大幅变动被5天一分摊，分摊后的变动就会相对变小，分摊得越细，变化就越不明显。

我们可以换一个角度去看较长周期的均线变动趋势相对股价滞后的问题。例如，在图5.6中，60日线走势相对平缓，那么日K线反映的股价变化在它上下波动的趋势性和规律性就更容易看出来。

图5.6是在2022年2月11日收盘以后截取的，我们可以看到上海机场这只股票的股价在2022年1月4日收出实体较长的中阳线，收盘价突破了60日线的压制，此后的9个交易日里涨跌互现，1月6日和1月17日的股价都以阴线报收，在盘中交易期间也都曾跌到60日线；1月7日和1月18日都再度收阳线上涨。这样的走势，正好符合格兰维尔第二法则所述的情况。如果在1月7日到1月18日选择买入，就能够享受此后一段时间的股价上涨所带来的收益。

在这里，我们可以回想一下第3章提到的大智慧五彩K线图提示的上海机场在1月28日以前出现的"仙人指路"K线组合。股价在120日线附近两次给出买入信号时，如果出于谨慎起见没有买入，那么在股价出现仙人指路走势后，仍然可以买入。

再结合图5.6中均线的走势，对上海机场这只股票的股价走势进行几项具体的分析评判（用这种方法可以分析评判指数的走势，但近年**个股的价格走势与上证指数等大盘指数的走势分化日益明显**，所以学习分析评判个股股价走势的意义更大）。

（1）图5.6上方右侧显示，2022年1月以来，该股股价上涨，10日线、30日线和120日线在向右上方抬升，10日线在30日线上方，30

日线又在 120 日线上方，三根线有些类似平行状态。这样的**三线多头排列，意味着股价正处于稳定上升期。**

（2）图 5.6 中股价在突破 60 日线的阻力后，经过短时间盘整后开始加速上涨。在此期间，5 日线两度由上升趋势向右下方拐头而下，下穿 10 日线，而 30 日线仍然在向上方推升，这就说明股价的这两波回探都是上涨趋势中的技术回档，涨势并未结束。

我们要注意的是，上海机场的走势是温和放量稳步上升的，5 日线两次拐头下跌幅度都不深。如果股价和均线急速放量拉升，5 日线随着股价的回落急速回落，快速向 10 日线或者 20 日线回落，那么就要小心，接下来的行情很可能会迎来一波深幅调整，甚至可能会转入下降通道，股价转为长期下跌趋势。

（3）图 5.6 中上海机场日 K 线首先在 2021 年 12 月 24 日从下向上温和放量穿过 10 日线，收盘价位于 10 日线上方，此后几天日 K 线又相继从下向上穿过 120 日线和 30 日线，当日收盘价依次站在 120 日线和 30 日线上方，5 日线和 10 日线相继从下向上穿过 30 日线、120 日线和 60 日线等中长期均线，这说明股价在结束了前一段时间的下跌和盘整后，重新转入上升趋势。

（4）中国石油（601857）这只股票的图表如图 5.7 所示。从图的左侧和图的中右侧可见，股价经过了两段相当长时间的盘整。盘整初期，5 日线、10 日线与 15 日线都逐渐交错在一起，从图的中右侧还可看到，盘整时间拉长之后，30 日线也跟着交错黏合在一起，盘整的时间越长，更长周期的 60 日线等均线也会跟着其他均线交错黏合在一起。

第 5 章 常用技术分析方法

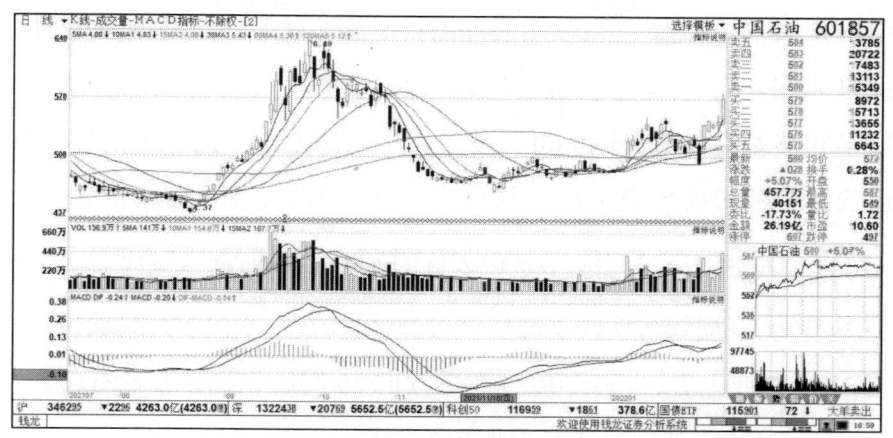

图 5.7　移动平均线示例 2

（5）盘高与盘低。图 5.7 右侧股价经过一段较长时间的盘整后，随着股价的放量拉升，5 日线、10 日线、15 日线和 30 日线往右上方突破上升，股价虽然有所回落，但股价在后市仍然盘高。如果股价在盘整阶段像图 5.7 最左侧那样，几根均线都在往右下方下降，则必然有一段时间越盘越低。

（6）涨势转入跌势。图 5.7 中部，中国石油的股价从 4.37 元/股上涨到 6.49 元/股的高位，然后 5 日线、10 日线、15 日线依次拐头向右下方向下，股价反弹也没有改变这 3 根均线向下的趋势，这说明短期涨势结束，接下来大概率会出现一轮跌势，一旦跌破 30 日线，那么跌势就确立了。

（7）处于长期跌势。从图 5.8 左侧到中部可以看出，长期跌势之中，中长期均线一直是空头排列，如 120 周线、60 周线和 30 周线。

（8）跌势进入尾声，然后转入反弹，甚至可能反转进入涨势。中国石油周线图表如图 5.8 所示，股价在长期跌势之中，到图 5.8

中部位置后，K线一连数周都站在10周线以上，这意味着跌势已经进入尾声。又经过一段时间的盘整，股价先站在15周线以上，后来相继站在30周线和60周线之上，后市就出现了一波强劲反弹，周线随着股价的放量上涨，从空头排列转为多头排列。

这只股票又经过一波放量上涨，即使股价出现回落，5周线、10周线、15周线和30周线再度向下波动，但60周线在走平向上后，股价一直走在60周线上方，120周线也在继续向60周线靠拢，股价有望在今后反转进入上升通道，迎来一波上涨行情。

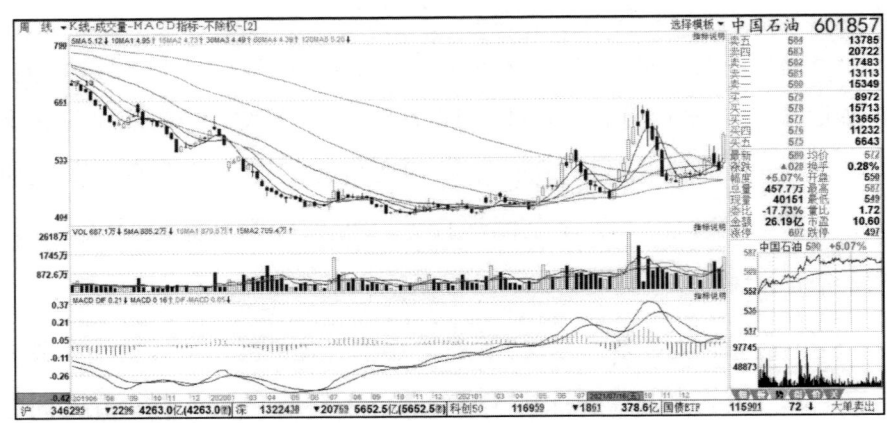

图 5.8　移动平均线示例 3

5.3　常用技术分析指标解析

K线图和移动平均线是技术分析最简单、最基础的两种图表工具。技术分析发展到今天，已经出现了许多其他指标和将这些指标具象化的图表工具。技术分析侧重分析的是股票的市价，而股价反映的就是股市的市场行为本身，技术分析主要通过对股价的变动、成交量的变化等资料，按照时间顺序绘成图表或者编制一定的指标系统，然后对这些图表或指标系统进行分析研究来预测股价走势。

技术分析有以下3个理论基础。

（1）认为市场交易行为本身已经能够反映影响市场的一切因素。奉行技术分析操作法的人认为，市场参与者在决定交易时，已经充分考虑了影响价格的各项因素。那么，人们只要研究市场交易行为本身就能了解市场的情况，无须关心交易背后的各种影响因素。这种看法有其道理，但实际上大部分市场参与者仅仅考虑影响价格的个别因素，也不乏盲目买卖股票，除了股价什么都不了解的参与者。

（2）认为价格变动呈现趋势性状态。**"趋势"的概念是技术分析法的核心**。技术分析在这方面借鉴了物理学的动力法则，认为趋势的运行会持续下去，直到遇到会使其发生反转的因素为止。

事实上，股价是上下波动的，呈现出一定的趋势性，于是技术分析就希望利用图表或指标分析，尽早判断价格趋势，发现反转的信号，从而能掌握好时机，能够在买卖股票时获利。就我个人的经验来说，股价和指数的短期波动趋势较难捕捉，而长期趋势一旦确立后，就不是个别力量能够干扰的。

（3）认为历史会重演。这一理论基础考虑的是人的心理因素。有一定社会阅历的成年人应该都很清楚，人的心理必然会影响其行为。一个人的性格一旦成型，对各种外界因素的心理反应也会模式化，行为方式也是如此。

众人买卖股票的交易行为在整体上也会趋向呈现一定的模式,从而让历史不断重演。所以,技术分析派就认为,过去的价格变动方式将来可能会不断发生,人们应当研究价格的变动模式,利用统计分析的方法,绘制图表,从而发现一些图形的变化规律,整理出一套有效的操作法则。

技术分析法有以下 3 种主要特征。

第一是量化指标特征。我们从前文的一些技术分析图表可以看出,技术分析会提供各种量化指标,即技术分析图表里必然会有大量的数字,可以直观地看到行情的走势,也可以提示行情转折的大致时间点。

第二是会引导人们去顺势而为的特征。技术分析根据图表和指标得出的结果,本身不可能创造出新趋势,也无法引导趋势,而是告诉人们怎样根据趋势作出判断和操作,也就是如何顺势而为。

第三是直观现实的特征。技术分析提供的各种图表都是股价和成交量轨迹的真实记录,没有虚假的成分,而这些轨迹在图表上都是非常直观的。

因此,技术分析的 3 个基本步骤是:**制作图表(现在已经完全由电脑代劳)、分析和判断**。以下会结合实例讲解如何利用最常见的技术分析指标进行分析和判断。

5.3.1 RSI 指标

RSI 指标(相对强弱指标)最早由韦尔斯·怀尔德(Welles Wilder)提出。我们没有必要了解 RSI 指标的具体计算公式,需要了解的是 RSI

的不同参数曲线的具体用法。其用法与移动平均线的运用法则是完全相同的，这就是说，参数较小的短期 RSI 曲线如果位于参数较大的长期 RSI 曲线上方，那么股价就处于涨势；如果相反，那么就处于跌势。

图 5.9 中的日 K 线图表最下方的一栏就是 RSI 指标的图表。证券分析软件里默认的 RSI 分析周期有 6 日和 12 日两种。图中波动较大的是 6 日（短期）RSI 指标，波动较小的是 12 日（长期）RSI 指标（在电脑界面里，6 日 RSI 的变动曲线为白色，12 日 RSI 的变动曲线为黄色）。

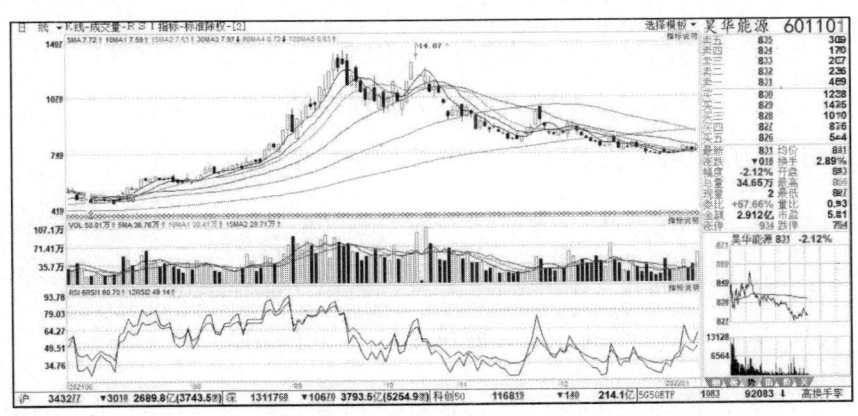

图 5.9　RSI 相对强弱指标示例 1

一般来说，RSI 的数值定在 0～100，以 50 这条中轴为分界线，高于中轴的为强势区，低于中轴的为弱势区。分析周期定为 6 日和 12 日，都不算长，通常设图形上 RSI＞80 的区域为极强势区，又称超买区；RSI＜20 的区域为极弱势区，又称超卖区。需要指出的是，分析周期参数不同的话，强势区与极强势区、弱势区与极弱势区之间的界线也要相应有所变动。

图 5.9 显示的是昊华能源这只股票的 RSI 指标，默认以 49.51 为分界线，当 RSI 值向上超过 49.51 时，即表明股价进入短线强势区，

可以考虑买入，但是如果进入极强区，那么这只股票在市场上就出现了超买行情，就要小心股价转入跌势的可能，应该择机卖出；反之，当 RSI 值向下跌破 49.52 时，表明股价进入短线弱势区，应当考虑卖出，但是如果进入极弱区，这只股票在市场上就出现了超卖行情，要留意股价转入强势的可能，等待买入的时机。

从图 5.9 可以看出，长短期 RSI 指标对行情的参考指示作用与移动平均线是基本一致的。

（1）短期均线从左下方上穿长期均线，与之交叉（股市行话称为**金叉**）后，长时间位于长期均线上方，而短期 RSI 线从左下方上穿长期 RSI，短期 RSI > 长期 RSI，股价走势就处于强势。

（2）短期均线从左上方下穿长期均线，与之交叉（股市行话称为**死叉**）后，长时间位于长期均线下方，而短期 RSI 线从左上方下穿长期 RSI，短期 RSI < 长期 RSI，股价走势就处于弱势。

运用 RSI 指标还可以进行其他各种研判，在所有的研判方法中，用 RSI 与股价的背离来判断行情是最为可靠的。从图 5.9 中部可以看出，昊华能源的股价从 4.58 元 / 股不断走高，日线的 5 条均线在经过一段时间的盘整后，完全进入多头排列的形态。

股价翻倍，升到 10 元 / 股左右的第一个高位时，6 日 RSI 和 12 日 RSI 都进入极强区域，然后股价在日 K 线上出现了两根大阳线包一根大阴线的**阳包阴组合**。经过短暂盘整，股价再度上涨，在短期内到达 13.5 元 / 股左右的另一个高位。注意，在这波上涨过程中，RSI 虽然再度来到高位，进入超强区，但是并未跟随股价形成一个比 10 元 / 股左右的第一个高位更加高的点，预示股价涨升可能已经进入了最后阶段，

第 5 章　常用技术分析方法

这种**顶背离现象**的出现是一个比较明确的卖出信号。

如果持股者在昊华能源的 RSI 与股价走势首次出现顶背离时还在继续观望，没有抛出的话，那么在股价经过下跌之后，再度冲上 14.07 元/股的新高，RSI 在从极强区进入强势区向下落入弱势区，再重新进入强势区，却没有能冲入极强区，**第二次出现顶背离现象**时，就一定要抛出，让利润落袋为安，**不然接下来一波跌势的杀伤力是相当大的。**

还要提醒一下的是，如果持股者在股价高位与 RSI 或其他常见技术指标出现第一次顶背离的时候，就已经将股票抛出，可以继续观察股价，但是见到股价跌到 30 日线或者其他支撑价位都不要轻易介入，哪怕股价再度放量拉升，非常诱人的时候，因为股价在高位波动后哪怕再创新高，都很有可能出现顶背离现象，后市股价的走势大概率会出现较大幅度下跌。只有在上市公司的内在价值仍然明显高于股价，可以提供足够安全的护城壕的情况下，继续长期持有才是比较安全的。

从图 5.10 可以看到与顶背离相反的**底背离现象**。图 5.10 左侧中石油（601857）的 RSI 指标在低位缓慢出现盘升，虽然股价还在不断下降，但 RSI 已经不再创出新低，这时表示跌势进入尾声，可以考虑适当时机进行建仓。

股价果然从 4.37 元/股上涨至 6.49 元/股，随后从高位一路下跌，RSI 一路从极强区跌入强势区，然后进入弱势区，最后进入极弱区。股价见底小幅反弹后再度下跌，RSI 一路从超弱区回到强势区，随后再随股价下调，但股价创下这轮行情的新低，RSI 并未创新低，这又一轮跌势也到了尾声，后来股价果然又逐渐盘升了。

本章下面几个小节还会提到各种不同技术指标与股价的顶背离和

底背离现象。大家千万记住，根据技术分析法研判股价和指数走势时，顶背离和底背离现象是非常重要的。

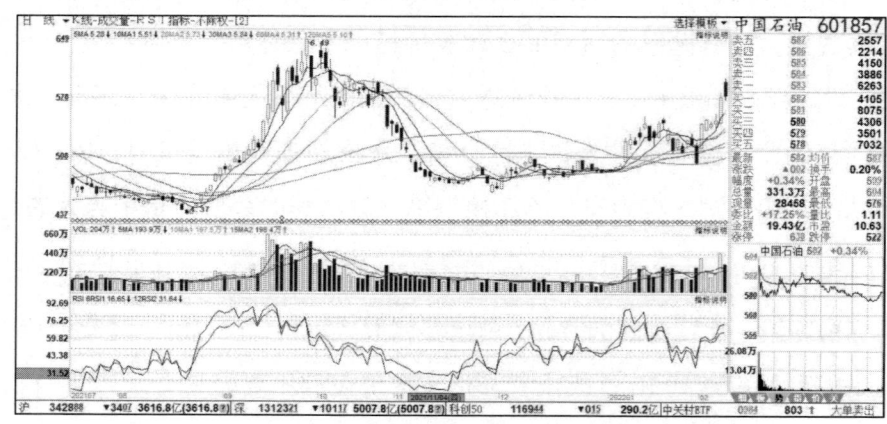

图 5.10　RSI 相对强弱指标示例 2

5.3.2　KDJ 指标

KDJ（随机指标）指标以股价在一定周期内的最高价、最低价和收盘价为基本数据，计算得出 K 值、D 值和 J 值，然后分别在图表的坐标上标明每个值的点，再将一定数量时间点的这三个数值分别连接起来，就形成了完整的、能够反映价格波动趋势的一种技术指标。KDJ 指标的计算公式不必深究，只需要知道在图表上它与 RSI 类似，能够比较迅速、直观地提供参考，用于研判行情。

图 5.11 下方就是 KDJ 指标：J 值线、K 值线和 D 值线在图中的波动幅度依次从大到小（电脑界面里 J 值线为紫色、K 值线为白色、D 值线为黄色）。各种证券分析软件的 KDJ 指标默认参数都为 9，操作经验较为丰富的交易者可以根据经验和个人需要更改参数，初学者先了解根据这一指标怎样研判股价走势的基本方法即可。

第 5 章 常用技术分析方法

图 5.11 KDJ 指标示例

KDJ 指标和 RSI 指标类似，可以用于研判买卖信号。我们从图 5.11 中可以看到，K、D、J 这 3 个数值之中，K 值和 D 值永远大于 0 且小于 100；J 值的最小值可以是负数，最大值可以超过 100。J 值对股价变动的反应最为敏感，K 值次之，D 值相对最不敏感。

K 值和 D 值的关联性更强，而 J 值对股价最为敏感，在图 5.11 中的波动幅度最大，我们对 KDJ 指标可以灵活运用。根据 J 值在图 5.11 中形成的波谷和波峰，结合移动平均线等技术分析指标，可以为研判买卖时机提供参考。

例如，在图 5.11 最左侧可见上海机场（600009）的股价在一波下跌过程中，J 值连续 6 个交易日小于 10，随后 KDJ 率先在低位形成金叉，发出买入信号；然后股价开始缓慢推高，5 日线先后上穿 10 日线和 20 日线，形成金叉，买入信号更加强烈。

上海机场的股价在这一波涨势期间从 36.6 元 / 股的低位涨到 46 元 / 股左右后，盘整了数日；其间，股价在 44 元 / 股左右冲击 60 日线的那几天，J值连续6个交易日大于90，随后KDJ率先在高位形成死叉，发出卖出信号。然后股价果然开始短线回调。J值在5日线扭头下穿10日线前后急速向下，连续3天小于10，发出了短线见底信号，然后股价在30日线得到支撑，重新转入涨势。

5日线再度转向右上方时，KDJ指标率先在低位出现金叉，然后股价再盘整几天，果然在2021年10月8日跳空高开（当天股价开盘高于上一交易日收盘价为跳空高开，反之则为低开。股价跳空部分被称为缺口，无论股价的走势是涨还是跌，在未来始终有回补缺口的极大可能），收盘已经站在120日线上方。

从2021年10月8日开始，上海机场的股价连续5个交易日上涨，一路突破54元/股。其间，除了120日线仍在下行之外，另外5根周期较短的均线都在上升，KDJ指标同样到了高位，J值一连5天都大于90。在第6个交易日，J值仍然大于90，显示市场严重超买，而日K线收出十字星形阴线，两种技术指标都发出了强烈的卖出信号。然后股价继续回调，5日线与10日线反复上下交错，股价进入一段时间的震荡整理期。

这一时期，股价虽然在20日线和30日线附近时都出现了反弹，但KDJ指标在逐级向下，给出了另一种卖出信号。如果持股者对技术指标在不到20个交易日的周期内两度出现的卖出信号都视而不见，那么必然会经历短线或中线的一次幅度较深的回调。鉴于之前K线图在44.46~45.35元/股出现过跳高缺口，可以预测这次回调至少会到达44.46元/股附近。果然2021年11月29日股价跌破了44元/股。

在这里特别提示一句：**做中短线操作时**，如果在两个以上技术指标第 1 次给出卖出信号时没有抛出，那么在出现第 2 次卖出信号时，哪怕这时股价在第 1 次卖出信号出现前后的高价附近，甚至略高一些，也要**落袋为安才好**。

比较 5.3.1 小节与本节图表和内容可以发现：KDJ 指标和 RSI 指标对股价走势的敏感度都比移动平均线更强，因为有高度灵敏的 J 值可参考，KDJ 指标对股价走势的短期变动尤为敏感。这样的敏感性对于短期操作具有重要的参考价值，但是也要注意：因为 J 值对股价趋势变动太过敏感，所以在观察指标背离现象时，要排除这个变动过于剧烈的数值造成的干扰。简单来说，在观察股价和均线与 KDJ 指标走势出现背离现象时，要注意 J 值的预兆性和 K 值、D 值与股价变动的基本一致性。

再看图 5.11，J 值往往在提示进入超买区以后，会比 K 值和 D 值，以及股价和均线都更早到达最高值；而 K 值和 D 值基本上与股价同步达到最高值，比均线更早对股价趋势的转折作出反应。

例如 2021 年 9 月 3 日，上海机场的股价突破 60 日线阻力，当天收出中阳线，KDJ 的 K、D、J 值分别为 87.53、79.33 和 103.94。从图 5.11 中可以清楚地看到，这一天的 J 值到达了这一波股价上涨行情的最大值，然后股价在 K 线图上继续收出两根阳线，J 值没有再创新高，K 值和 D 值则在 9 月 7 日达到 88.87 和 83.96 的这一波涨势的最高值。然后这 3 个数值的曲线在图形上一同向下，形成**死叉**，股价也开始调整。

2021 年 10 月 11 日，股价在突破 120 日线压制后，拉出实体超过 5% 的长阳线，同一天 KDJ 指标的 K、D、J 值分别为 80.27、67.45 和 105.93。用这一组数值与 2021 年 9 月 3 日 KDJ 指标的这 3 个数值比较，就会发现 J 值创下了新高，K 值和 D 值则没有。J 值的趋势线在证券分析软件的图表上位于最上方，比 K 值和 D 值的两条趋势线都更显眼，如果过于关注 J 值，就会认为 J 值在上海机场的两波中短期涨势中没有出现背离，甚至仓促推断出 KDJ 指标和股价走势没有出现背离的结论。

再观察 2021 年 10 月 11 日和之后几天的股价和 K 值和 D 值走势就会发现，股价在冲击 54 元 / 股整数关口，创下短期新高的那两天，K 值和 D 值最大分别达到 85.01 和 78.79；上一波涨势股价在 9 月 7 日涨至 46 元 / 股左右的高位，K 值和 D 值当时的最高值分别是 88.87 和 83.96，这就说明 10 月 11 日前后 KD（KDJ 也是一样）与股价的走势出现了**明显背离——股价创新高，K 值和 D 值没有创新高**。KDJ 指标随即在高位超买区出现死叉。

种种迹象预示着中短期头部形态即将形成，做中短期操作最好就在 50 元 / 股上方暂时离场，从而可以避开此后的一波幅度较大的调整。对这两波上涨行情要作出正确的研判，就要摆脱波动过于敏感的 J 值，正确把握 KD 值和股价形成的顶背离现象。

当然，KDJ 指标和其他所有技术分析指标一样，都有一定的局限性。我和家人、朋友曾经交流过实操中遇到的一些问题。KDJ 指标最大的优点是对股价变动非常敏感，但最大的缺点也是这一点。这种指标固然很直观，在图表上有明显的买入和卖出信号，如金叉进货、死叉出货，很容易掌握。但是因为它实在太敏感，在图表上会频繁出现金叉和死叉，缺乏经验的新手如果不掌握其他 KDJ 指标使用的诀窍，很容易操之过急。

图 5.11 中显示的是上海机场这只股票在大约 140 个交易日内的交易行情和几种主要技术指标，可以看到在这一时期 KDJ 的波动比股价波动还要剧烈，波幅也更大，先后形成 11 次死叉和 11 次金叉。

第5章 常用技术分析方法

如果每次金叉就买入，死叉就卖出，140个交易日买卖操作22次，手续费积少成多，金额也会不少。

频繁地买进卖出，得利最大的是证券公司和证交所，我们一旦没掌握好节奏，就会错失原本靠中长期持股能够获得的相当丰厚的回报，反而可能因为心态失衡让交易的最终结果变成微利，甚至无利可图，还可能亏损。

例如某人新入股市，事先学习过KDJ指标的一些知识，在2021年10月底投入实操。他看到上海机场的股价从2020年11月底的历史最高价82.99元/股下跌到2021年8月2日的36.6元/股，股价下跌过半，然后在10月15日涨到54.15元/股。他认为虽然这波涨幅已经接近50%，但是短期和中期移动平均线已经呈现多头排列，短期之内5日线和10日线上下交错也是正常现象。

2021年10月28日这一天，他看到KDJ指标金叉，就在收市前买入，成本价在51～52元/股，结果次日股价在收出中阳之后就开始盘整，如果在2021年10月29日抛出，或许有微利可赚，但是如果是想做中线投机操作，赚取较多差价，那么等待他的将是股价在盘整后的一波急跌，股价回落到43元/股左右，面临不小的账面浮动亏损。

接下来，他在浮亏的压力下，就有可能在股价两次上冲60日线，J值进入超买区的时候将股票卖出，让浮亏变成实亏。即使抗压能力强一些，在股价第二次冲击60日线成功时还能继续观察走势，但在他最重视的KDJ的3个数值全部进入超买区后，也未必还能坚持得住。

那么，怎样才能避免被KDJ的这种**过敏性**影响心态，从而尽量避免盲目操作带来的亏损呢？我个人认为主要有两种办法。

第一种就是前文实际上已经不止一次地说过的,不要只用一种技术分析指标参考,而是要结合至少两三种,最多不超过5种指标综合分析研究,然后再决定如何操作。

例如在前两节举例所说的那位交易者,如果在2021年10月底到11月初观察到5日线、10日线和20日线在出现黏合后有转为空头排列的迹象,或者观察到在5.3.3小节要讲的MACD指标出现了明显的顶部迹象,DIF值和MACD值呈现**该金叉不金叉**的状态,那么他就可以选择在股价11月5日得到30日线支撑,11月6日反弹收出阳线时,以微利或略亏的价格卖出持股,先出局观望,避过接下来的一波盘跌行情。

第二种就是可以观察多个周期的KDJ指标和其他技术指标,综合分析,得出较为可靠的研判结果,用以指导买卖实操。

因为日KDJ和更短的分析周期(如5分钟、15分钟、30分钟和60分钟)的分时KDJ指标对股价非常敏感,分析周期较短,经验丰富的大资金主力操盘手甚至可能故意操纵图形为散户布下陷阱,但是周KDJ和月KDJ的周期较长,主力资金想要操纵的话,一来难度更大,二来也缺乏耐心。所以分析股价中长期走势时运用周KDJ和月KDJ指标结合的办法,成功率较高。

将日、周、月KDJ指标结合分析的话,实操会更加从容。下面就结合示例,来看这样操作的可行性。

片仔癀(600436)KDJ示例如图5.12所示,这只股票的股价从131.98元/股的高位经过盘整、反弹和逐波下跌,2018年10月30日来到了这轮下跌的最低价71.26元/股。2018年10月10日,股价当天收盘报价为91.4元/股,日KDJ指标的J值为6.79,率先进入超卖区,但是 K 值和 D 值明显距离超卖区还有一段距离，即使股价比起最高点已经下跌超过 30%，也不用在此时急于买入。

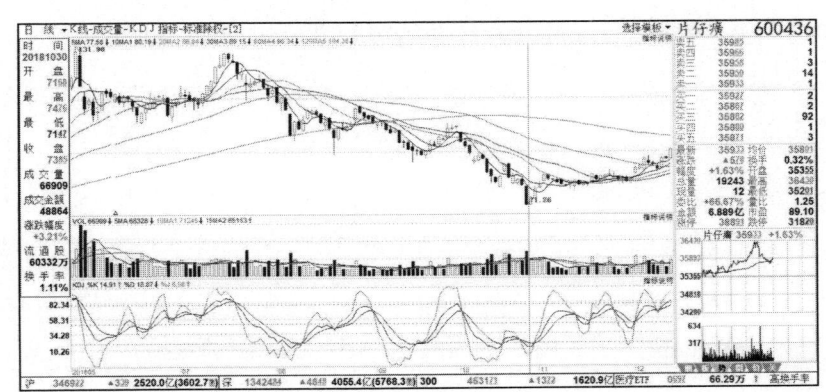

图 5.12　片仔癀（600436）日 KDJ 示例

股价在 2018 年 10 月 10 日以后仍然受到呈现明显空头排列的均线压制，没能脱离下降通道，果然继续下跌。KDJ 指标也在继续向下，J 值一连 6 个交易日为负值，K 值和 D 值在 2018 年 10 月 18 日都已小于 20，股价仍未停止下跌。KDJ 全面超卖，股价仍在下跌，这证明短线有反弹机会，但中线走势如何，只看日 KDJ 判断没什么把握，那么我们就要去看周 KDJ 了。

这里要补充一点：J 值在分析周期越短的图表上对股价越敏感，所以在分时图表和日线图表上失准的概率很大，在日线图表上，只有连日小于 10 或者连日大于 90，才会有较为可靠的参考和指导意义，但是周线图表和月线图表上的分析周期会依次拉长，所以 J 值对股价过于敏感的问题已经得到了较长周期的修正，**J 值在周线图表和月线图表上的参考意义就比日线图表更大。**

片仔癀的周 K 线图表如图 5.13 所示，2018 年 10 月 12 日收出的当周周线让周 KDJ 指标在图表上形成了**死叉**，但 K、D、J 这 3 个数值分别为 25.56、28.1 和 20.47，那么从股价的中期走势来看，都还没有进入超卖区。这样的话，就有必要继续耐心等待机会。

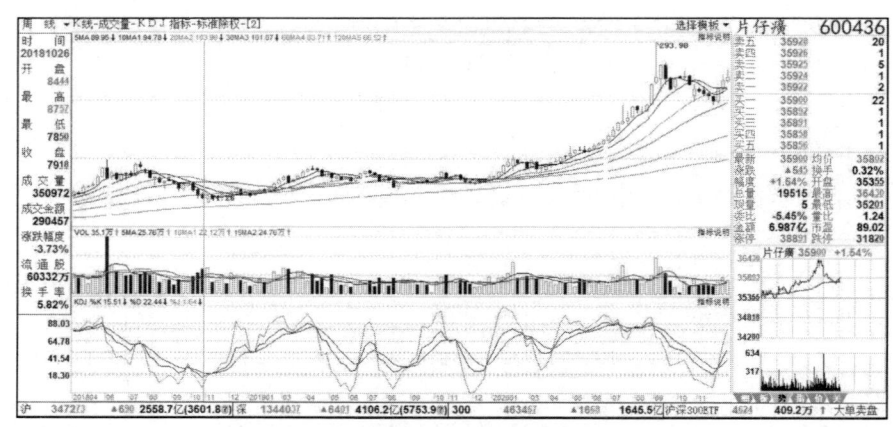

图 5.13　片仔癀（600436）周 KDJ 示例

此后，2018 年 10 月中下旬的两周时间里，日 KDJ 和周 KDJ 继续向下。2018 年 10 月 26 日，周 KDJ 的 J 值已经下跌到 1.636，小于 10。当天日 KDJ 短线死叉成立，次日大跌收出长阴线，股价创下本轮下跌新低 71.26 元/股，KDJ 的 J 值 1.56。当时股价是否会反弹，在 K 线图和均线上都还看不出什么明显迹象，但是日 KDJ、周 KDJ 和月 KDJ 都已经在提示了。

2018 年 10 月 18 日，日 KDJ 的 K 值为 11.34，D 值为 19.66；2018 年 10 月 29 日，KDJ 的 K 值为 14.42，D 值为 20.85，当天股价创下新低，K 值和 D 值并未创下新低，出现了**明显的底背离**，短期反弹在即。当天股价放量大跌，周 KDJ 的 J 值在当时只会比上周的 1.636 更低。从图 5.14 中也能看到月线图上 2018 年 10 月的 KDJ 的 J 值为 18.47，小

第 5 章　常用技术分析方法

于 20，就月线来说，已经处于超卖区域。

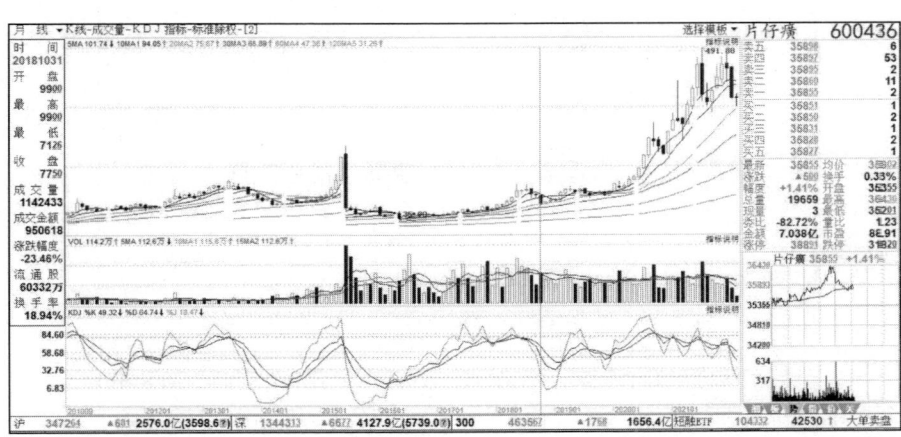

图 5.14　片仔癀（600436）月 KDJ 示例

当日 KDJ 出现底背离，周 KDJ 的 J 值小于 10，月 KDJ 的 J 值小于 20，这 3 个周期的 KDJ 呈现这 3 种状态时，说明这 3 个周期的 KDJ 出现了**低位共振现象**。在这种情况下，短线、中线和长线行情都可期待。**周线和月线的中长期均线走势**仍然呈多头排列，更加强烈地预示中长线有暴涨的机会。等到这 3 个周期的 KDJ 指标都开始从下向上走时，机会就来了。

片仔癀这只股票后来在日线图、周线图和月线图上的上涨走势证明了这样研判得出的结论是正确的。

反之，日 KDJ 出现顶背离，周 KDJ 的 J 值大于 90，月 KDJ 的 J 值大于 80（或者出现其他高位卖出信号），3 个周期的 KDJ 出现了**高位共振现象**，不仅预示着股价短线会出现深幅下调，而且中线和长线都有大幅下跌的风险。最典型的例子就是 2021 年 2 月沪深"股价之王"贵州茅台 (600519) 股价见顶的时候，详情见图 5.15 ~ 图 5.17。

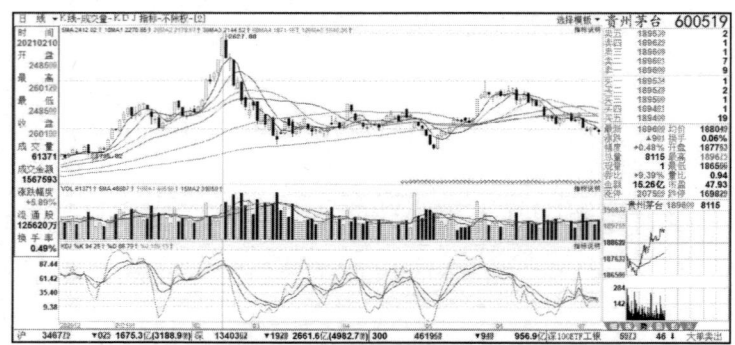

图 5.15　贵州茅台（600519）日 KDJ 高位示例

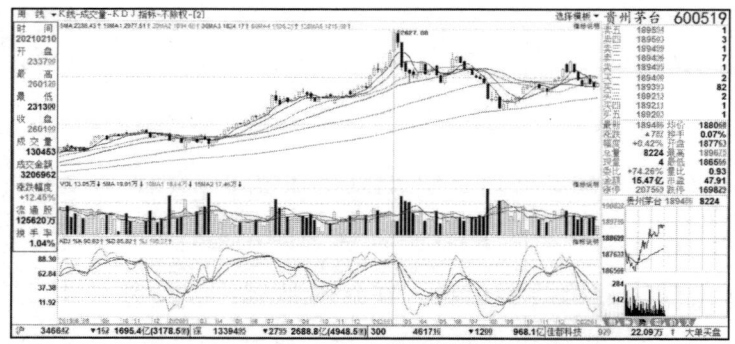

图 5.16　贵州茅台（600519）周 KDJ 高位示例

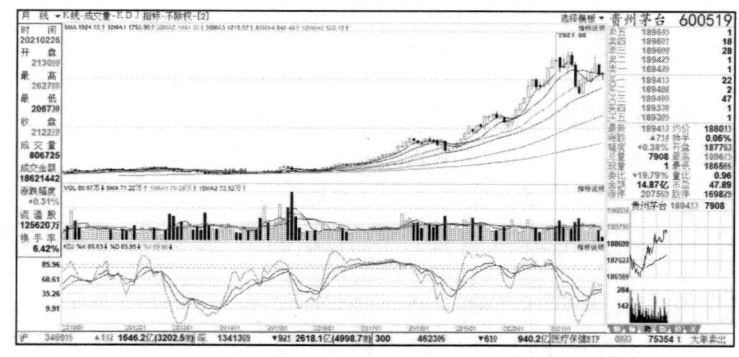

图 5.17　贵州茅台（600519）月 KDJ 高位示例

2021 年 2 月 10 日和 2021 年 2 月 11 日这两天，贵州茅台的股价先后创下 2601 元 / 股的收盘最高价和 2627.88 元 / 股的盘中最高价。2021 年 2 月 10 日 KDJ 指标的 K 值为 94.25，D 值为 86.79，J 值为 109.15；下一个交易日 2 月 18 日 KDJ 指标的 K 值为 86.35，D 值为 86.65，J 值为 85.76，已经形成死叉。2021 年 2 月 10 日周 KDJ 的 K 值为 90.63，D 值为 85.82，J 值为 100.27，J 值进入超买区且大于 90。2021 年 2 月 19 日收出的周 KDJ 的 K 值为 87.04，D 值为 86.22，J 值为 88.67。

这一周的 J 值虽然没有超过 90，但是 KDJ 指标从上周高位回落后，出现了高位死叉迹象。2021 年 2 月 KDJ 形成高位死叉，需要特别指出的是，在 2021 年 2 月 10 日和 18 日股价创下新高的那两天，月 KDJ 的即时数值与最终在月线图上收出阴十字而形成的数值肯定是不同的，月 KDJ 的即时数值应该更高，那两天 KDJ 指标的 J 值应当大于 80。

在日、周、月 KDJ 在高位出现这种**共振**以后，贵州茅台的股价如图 5.15 ~ 5.17 所示，短线、中线和长线都出现明显的下跌。

此外，如果日 KDJ 出现金叉，周、月 KDJ 在 J 值 90 以上出现死叉，哪怕股价出现反弹，虽然幅度也不大，但一不小心就会被主力刻意造出的日 KDJ 金叉**诱多迹象套住**。**散户，尤其是新手，在这种情况下最好不要买入做短线。**

如果日 KDJ 出现金叉、周 KDJ 向上、月 KDJ 出现死叉的话，会有短线和中线行情，在其他技术指标也显示短线和中线看涨的时候，可适量参与。月 KDJ 向上，周 KDJ 出现死叉的话，说明今后的走势将展开向下的中级调整，如果个股的内在价值较高，长线持股、成本较低的参与者可以继续等候股价在结束调整后重新上涨，成本较高的参与者最好暂时出局观望，还没有持股的人就不必在这个时候急于买入。如果月 KDJ 高位出现死叉，日、周 KDJ 低位出现金叉，那么股价会出现较大力度的反弹，可以适当介入。

5.3.3 MACD 指标

MACD（平滑异同移动平均线）具体计算方法和计算公式比 RSI 和 KDJ 更加复杂，我们不必细究，只需要知道它是基于移动平均线（MA）原理发展出来的用于研判股价中长期走势的技术分析指标就行了。

MACD 指标是基于移动平均线原理发展出来的，它保留了移动平均线可以为股价走势提供直观信号的优点，在很大程度上克服了移动平均线给出的买卖信号频繁、真假难辨的缺陷。

从图 5.18 左下方可以看到，MACD 指标的图表中间有一道轴线，代表数值 0。这条零轴线就是多空（涨势和跌势）分界线。MACD 指标显示的 3 个数值：DIF 值、MACD 值和 DIF 值减去 MACD 的差值始终在零轴上下波动。

图 5.18 中有代表 DIF 波动值的曲线（**快线**，在电脑界面中是白色）和代表 MACD 波动值的曲线（**慢线**，在电脑界面中是黄色），两者之间的差值如果为正，则在电脑界面上显示为红色柱体，在零轴上方标记；两者之间的差值如果为负，则在电脑界面上显示为绿色柱体，在零轴下方标记。

从图 5.18 中就可以清晰地看到，柱体从零轴下方翻到上方时，快线就会从下向上穿过慢线，两条线形成**金叉**；柱体从零轴上方翻到下方时，快线就会从上向下穿过慢线，两条线形成**死叉**。所以在观察 MACD 指标的时候，可以忽略两条线的金叉和死叉，只观察（红绿）**柱体**的变化。

从图 5.18 中也可以看出，柱体不可能无限放大或缩小，柱体在零轴上方放到最大时，一般就到了上涨波段的顶部；柱体在零轴下方放到最大时，自然就到了下跌波段底部。

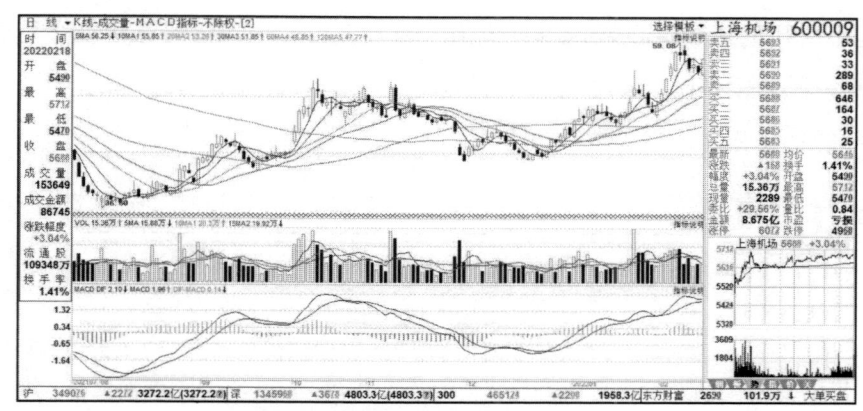

图 5.18　上海机场的日 MACD 指标示例

因为惯性作用，当（红绿）柱体一直在零轴上方或零轴下方放大或者缩小时，不可能判定涨跌趋势是否结束。如图 5.18 所示，最直观实际的研判方法是：当柱体在零轴上方放到最大，然后开始逐渐收缩变小时，就是在给出**卖出信号**；当柱体在零轴下方放到最大，然后开始逐渐收缩变小时，就是在给出**买入信号**。

MACD 指标与股价 K 线走势的**顶背离和底背离**现象可以参考 5.3.1 和 5.3.2 小节所述的顶背离和底背离现象，道理大同小异。

接下来要讲的是本节的**重点**：无论日 MACD、周 MACD，还是月 MACD，如果 DIF 值和 MACD 值的两条趋势线**在零轴上方形成金叉、长时间都位于零轴上方**，或者**在零轴下方形成金叉**后一直向上，在两条趋势线都上升到零轴上方后，**长时间都位于零轴上方**，后市必然出现较长时间的上涨行情。

日 MACD 出现这种迹象必有中线行情，周 MACD 和月 MACD 出现这种迹象，必有长线行情。如果均线等其他技术指标长期多头排列，上市公司的成长性良好，内在价值一直在上升，股价最终很可能会涨到你完全预料不到，看都看不懂的地步。股价长期上涨示例如图 5.19 ~ 图 5.21 所示。

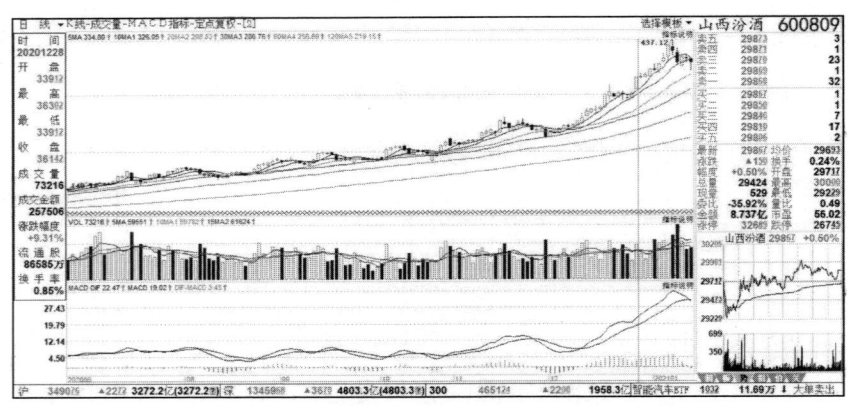

图 5.19　日 MACD 指标的两条趋势线在零轴上方，股价长期上涨示例

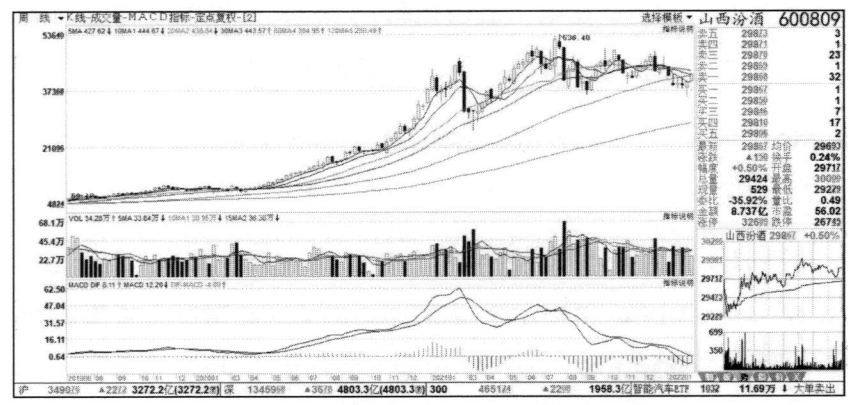

图 5.20　周 MACD 指标的两条趋势线在零轴上方，股价长期上涨示例

第 5 章 常用技术分析方法

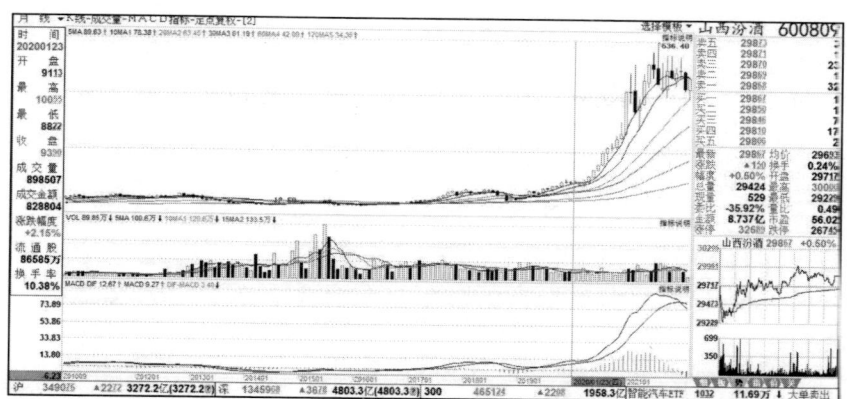

图 5.21 月 MACD 指标的两条趋势线在零轴上方，股价长期上涨示例

第 6 章 怎样少踩坑

前几章提过不少个股,这些股票的市价一直都在波动,无论是长期持股的股东,还是高抛低吸的短线客,或多或少都会得到盈利的机会,同时也有可能踩坑蒙受损失。战场上没有常胜之师,江湖上的独孤求败只是传说。**收益永远与风险成正比**,任何人在股市都不可能永远是赢家,即使是巴菲特和索罗斯这样的投资大师也都有过不止一笔交易亏损,我们普通人更不可能在股市里永远不踩坑。

心理因素往往会微妙地影响一个人的行为,这一点对股票交易人也是适用的。我们会在买卖股票的时候踩坑,很多时候都是因为受到负面心理因素的影响。本章就简要讲述如何克服负面心理因素的影响,从而在实操中尽量少踩坑。

6.1 博彩心态要不得

今年春节回家，我和10多年不见的旧同事一起吃了一次午饭。我们以前在一家中小型网络购物公司共事，她是一位工作能力很强、遇事很有主见、责任感也很强的职业女性。她离开原先的那家公司之后，一直留在电子商务行业，在两家大型网购公司做得有声有色，晋升为部门经理，同时在业余时间开了一家网店，生意也不错。

久别重逢，我们边吃边聊，谈的话题很多。我说起我家有3个人做股票，我弟弟和母亲都做得不错，常年都有盈利。她颇为平静，但也带着些许无奈的口气说道："我从来没能在股票上赚到钱。"

她做股票没能赚到钱，我并不觉得意外。人各有所长，她在大型网购公司能做到高管职务，不等于做股票同样能成功。但让我有些诧异的是，她对买卖过的股票都说不出个所以然。我又问起她当初是怎么会去做股票的。她的答复是在行情好的时候，听别人说能赚钱就买了，结果涨的时候没抛，后来被套住，就不管了，以后就一直亏。

我很欣赏这位旧同事，虽然多年不见，还是会将她视为朋友，但是对于她贸然去做股票的决定，以及后来的盲目操作方法不敢苟同。

做股票亏损本身不可怕，我在第1章就提到过，这和武侠小说里所说的"**未学打人，先学挨打**"是一个道理，问题在于亏损之后没能吸取任何经验教训。那位朋友做了好几年股票，却对股票没有什么认识。

第6章 怎样少踩坑

对她来说，买股票就像是博彩票，能否赚钱全凭运气。

不能完全否认博彩中奖和做股票盈利都有运气的成分，但两者之间的区别还是很大的。买任何一种彩票，每一组号码中奖的概率是固定的，最后能否中奖完全是随机的，中头奖的概率就那么大。而做股票固然是一赚二平七个赔，但无论买股票是为投资还是投机，都是可以靠充分准备、不断学习、制定操作原则来降低风险，提高盈利机会的。

买彩票之前可以不动脑筋，买完之后可以等待摇奖机告诉你最终的结果，但是买股票事先可以做好资金管理和心理上的准备，持股期间要么一直都在关心上市公司的运营状况，要么长期关注股价走势，**不能把盈亏的结果完全交给运气决定**。

在股市开户20多年以来，和我谈过股票的人说多不多，说少也不算太少。亏得最多最惨的那些人，无一例外都是多少怀着博彩的心态去买股票，他们不了解股票是什么，更不会花时间去研究股票的基本面。

有些人虽然会使用证券分析软件，会看技术分析图表，但是他们想的不是通过观察各种技术分析指标和股价的关联性来总结出一套行之有效，可以盈多亏少，从而能靠做股票实现财富增长的办法。他们要么希望靠**各种各样的内幕消息就能低买高卖赚到钱**，要么是想完全**按照软件给出的买入和卖出信号操作**，以为按图索骥就能赚到钱，结果总是事与愿违。

再三提醒各位，开户随时都可以，但不要将股票当彩票，做股票绝对不是博彩，不能光靠运气。在买股票之前，一定要先了解什么是股票，学习一些基本面和技术面知识，做好一些准备再进行实操。实操期间，切记不要相信什么内幕消息。股价即使真的就像消息所说的那样涨跌，从根本上来说，**也不是消息的功劳**，而是因为基本面或技术面因素在推动股价涨跌。

6.2 不熟不做

我虽然没有细问那位朋友当初到底买了哪些股票，但是几乎可以肯定，她买的股票和从事的行业没有什么关系，不然不可能根本说不出所以然来。她在从那家中小型网购公司离职后，没过多久就进入上海百联集团，继续做最熟悉的电商业务，具体来说是线上商品零售业务。

她是上班族，不可能一直盯着电脑看股价，做投机实在不太合适，要做投资的话，那么最好是从熟悉的行业里选择一家熟悉的上市公司低价买入股票，然后长期持有。她一直在商业企业工作，那么对这一行的情况自然十分了解，可以从任职的企业入手，也可以从关联的供货商入手了解相关上市公司的情况。

前一种情况暂且撇开不谈，她任职的百联集团是上海最大的商业企业，旗下有几家上市公司。2014年，百联集团下属的上市公司友谊股份有限公司收购了另一家上市公司百联股份有限公司，两家上市公司合并为新的百联股份有限公司，股票代码沿用原友谊股份的代码600827。

新百联股份有限公司在上海拥有一定程度上的商业垄断地位。这家公司的毛利率虽然不算高，也能常年稳定在20%～30%，净资产收益率常年低于 10%，但也不算太低。

百联股份虽有电子商务平台，但主营业务占比接近 80% 是连锁超市业务，毛利率不可能很高；综合百货业占主营业务比例为 15% 左右，毛利率虽然比较高，但百货业在电商大潮的冲击下，已经不可能有什么成长空间。这样的企业即使有成长性也不会高，现金流却是稳定的，上海居民在连锁超市和所剩不多的百货公司日常消费的习惯决定了这一点。

那位朋友没有了解过价值投资理论，不了解**股东盈余**这一概念，但是既然多年在商业企业任职，对利润率和每股收益不可能完全没概念，而她在百联集团工作了好几年，做到电商平台的管理职务，要了解百联股份的经营和财务状况很容易。

2018 年底，百联股份每股收益为 0.49 元，因为成长性不高，索性假定今后再也不增长，直接用 5% 的长期贷款利率贴现，以当年的每股收益/贴现利率计算出百联股份的内在价值为 9.8 元/股。估算出内在价值以后，即使不考虑价值投资对每留存 1 元利润必须创造出 1 元市值的要求，也必须要考虑买入价应当对内在价值享有一定折扣率（护城壕），从而获得一定的**安全边际**。

再考虑到 2014 年新百联股份有限公司诞生后，2019 年初，百联股份的股价几乎已经是历年最低，那么这个折扣率可以定得高一些，因为如果将折扣率定得太低，固然可以保障资金的安全，却有可能因为心理价位太低，错过了买入机会。比方说，我们留出 20% 的安全边际，计划好以 8 折左右的价格（也就是 7.84 元/股左右的价格）买进，耐心等待到 2020 年 2 月即可迎来买入机会，以低于 7.84 元/股的价格逐渐购入该股，如图 6.1 所示。

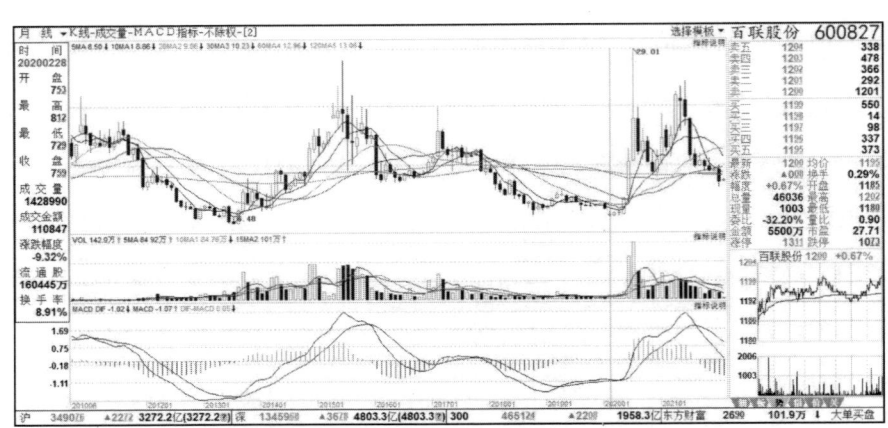

图 6.1 百联股份月线图

2019年新百联股份的每股收益为 0.54 元,即使不调高对该股内在价值的估算值,市场也会调高当年对股价的预期最高值。当股价超过之前估算的 9.8 元/股内在价值后,可以根据市场走势再耐心持有一段时间,即使不能等到 2020 年 7 月该股创下 29 元/股新高的时候,在 2020 年 6 月也仍然可以在 16 元/股左右从容抛出。7.84 元/股以下买进,耐心持股四五个月就能赚一倍左右的利润。哪怕一直持有至今,两年不到的时间,获利也能达到 50% 以上,平均年复合收益率大于 20%。

那位朋友如果买卖股票不是盲目投机,而是能够遵守不熟不做的原则,就从她工作的行业或任职的集团下属上市公司里选择其他上市公司或者百联股份,等到价格合适的时候买入这家公司的股票,哪怕因为缺乏股票交易经验,无法在最高价抛出或者长期持股,结果还是很可能比盲目买卖股票亏损累累更好。

前文不止一次提到过,买卖股票的理想操作对象,应该是业务**简单且容易了解**的上市公司的股票。对所有人来说业务简单且容易了解的上市公司就是泛消费类上市公司，但是具体到每个人，情况会有所不同。

对我的那位朋友来说，商业类上市公司的业务是简单且容易了解的；对我个人来说，出版传媒类上市公司的业务是简单而容易了解的。基于同样的道理，对于任何一个人来说，他对自己所从事的行业，肯定比对其他行业更容易了解。

如果读者朋友初入股市，一时不知道该如何选择，那么除了泛消费类上市公司之外，不妨就从你所从事的行业入手。只要你记住"不熟不做"这个大前提，"三百六十行，行行出状元"这句俗话在股市同样也是适用的。

6.3 尊重常识，要有主见

股票从本质上来说是一种商品。通常我们购买商品是为了使用，比方说买鞋是为了穿着走路，买食物是为了补充营养，买股票则是为了盈利。对于买卖股票的人来说，股票就成为生活的一部分，就像在生活中购买其他商品都需要尊重常识一样，买卖股票同样需要尊重常识，哪怕人们在股市往往会忽略常识，它依然是很重要的。

几年前，我在与几位朋友谈起股票的时候，说做股票是要看业绩的，有一位朋友颇不以为然地对我说："你买股票居然看业绩？"我不想伤和气，两句话带过，没有和他多说。股市新手往往也会遇到这样的老手，他们认为买股票看业绩纯属浪费时间，不如追逐市场热点低买高卖来钱快。

然而这种说法符合常识吗?买米买菜,难道不看品相质量?买鞋难道不看材质,不关心这鞋是不是合脚,是不是经久耐穿?买电器不看商家的售后保障和服务质量吗?既然平时购买商品都要关心产品和服务质量,那么买股票怎么能不关心和股票相关的、包括业绩在内的上市公司的各种情况呢?

在股市里摸爬滚打有些年头的人,都知道20世纪90年代初最早在上海证券交易所挂牌上市的8只股票,人称"老八股"。哪怕是股市新手,到网上随手一搜索,都能搜到这8只股票,分别是延中实业(600601)、真空电子(600602)、飞乐音响(600651)、爱使股份(600652)、申华控股(600653)、飞乐股份(600654)、豫园商城(600655)、浙江凤凰(600656)。除了豫园商城在1992年9月2日上市之外,另外7只股票在1990年12月19日就上市了。

30多年以后,老八股现在怎么样了?股票代码就好比是一只股票的"身份证",我们在任何一个联网的证券分析软件里都可以输入那8个代码来查询这8只股票的情况。

延中实业(600601)早已改名为方正科技,现在已经戴帽成ST了,2017年至今连年亏损,2021年前三个季报披露每股净资产已经亏得只剩0.0971元,2022年2月18日收盘价2.59元/股。

真空电子(600602)曾经改名为广电电子、仪电电子,现在叫云赛智联,2022年2月18日收盘价7.12元/股。

飞乐音响(600651)的名称一直没变,2021年亏损已成定局,

2022 年 2 月 18 日收盘价 3.56 元 / 股。

爱使股份（600652）后来改名为游久游戏，2018 年起就连年亏损，比方正科技更早戴帽成 ST，甚至加了 *，现在股票的简称是 *ST 游久，2021 年前三个季报披露每股净资产在账面上还有 2.083 元，2022 年 2 月 18 日收盘价 1.71 元 / 股。

申华实业（600653）后来改名为华晨集团、申华控股，比方正科技略强一些，每股净资产还剩 0.5692 元，2022 年 2 月 18 日收盘价 2 元 / 股。

飞乐股份（600654）改名为中安消，连年亏损，早就戴上 ST 的帽子，* 号加了两次，2021 年中期报表披露，净资产 –0.2065 元，已经是负值，2022 年 2 月 18 日收盘价 2.68 元 / 股。

豫园商城（600655）虽然改名为豫园股份，但经营状况是老八股上市公司里最稳定的，一直从事零售业，2020 年末每股收益为 0.932 元，常年都有分红，2022 年 2 月 18 日收盘价为 10.17 元 / 股。

浙江凤凰（600656）的戴帽史更加"辉煌"，现在输入它的股票代码，就能看到它的名称已经变成了"退市博元"，2016 年就已经不能在上交所主板市场交易了。如果还想了解它现在的情况，就要去新三板查询 400065，发现它的新名称是博元 3。2022 年 2 月 18 日的收盘报价为 1.73 元 / 股，股价比起 *ST 游久还高两分钱，但是其每股净资产低达 –6.99 元！

在上证主板市场上市时间最长的老八股至今股价最高的是从事传统零售行业、经营业绩稳定的豫园股份，股价比较像样的云赛智联每股收益也常年是正值，亏损累累的另外6只股票的股价都在4元/股以下，最差的一只甚至6年前就从主板市场被扫地出门，放逐到三板之后也不见丝毫起色。

对照一下老八股的现状，谁还会认为买股票不需要看业绩的话，至少我觉得没有必要和他交流了，我也不会因为任何人的质疑和嘲讽，就改变重视上市公司经营业绩的做法。

诚然，上市公司的业绩不是一成不变的，优良的业绩也不一定会立即吸引市场追捧，推动股价上涨，但一家上市公司的经营业绩至少要不差，它的股票才能在股市上留存下来，市场参与者才能对它提出买卖报价，有了不同的报价，股价才会波动，才能有赚取差价的操作空间。这难道不是简单的常识吗？尊重常识有什么不好呢？

每个人在生活中都离不开常识，但常识又往往是最容易被忽略的，因为它融入了日常生活的每一个部分，当常识在发挥作用的时候，人们都觉得理所当然。确实如此，肚子饿了就要吃饭，不是自己下厨就是下馆子，选择下馆子的话，要看里面的环境是否卫生，服务态度是否到位，最重要的是提供的饭菜是否能吃饱、够美味。

如果这些条件达到期待的水准，价格也承受得起，那么以后会再度光临这家餐馆，说不定会成为常客。这家餐馆能够靠美味的菜品和优质服务吸引顾客盈门的话，生意自然会好，食客满意，餐馆里的工作人员都能得到满意的待遇，老板也能赚到钱。

判断一家餐馆的菜品是不是好吃，服务是不是到位，终究要亲自到餐馆里实地体验，才能取得最直观的印象，做出最可靠的判断。餐馆字号的年代是否久远，其他食客的口碑，餐馆在各种媒体上所做的市场推广宣传，都可以参考，但是要断定这家餐馆的菜品是不是真的好吃，还是要去亲口尝一尝。这是生活常识，不言自明的道理。

买卖股票同样应当尊重常识。在判断一只股票是否值得购买之前，时不时有人说股市行情现在有多么好，谁靠做股票赚了多少钱，某某股票买了肯定会涨，还会涨到多高的价格，媒体上也会经常看到某一高新行业前景一片大好，某高新技术企业的前途如何光明的新闻。

这些信息都能参考，但还是要亲自去了解这只股票的情况。无论投资还是投机，无论分析股票的侧重点在基本面还是技术面，都要亲自了解一下上市公司的经营状况和股价走势情况。毕竟，在今天这样一个信息高度发达的时代，要了解这些情况，只需一台能够上网的电脑就够了。

有人可能会说："你这一番话看着是有点道理，可是每个人的口味都不一样，对餐馆的环境和服务等方面的要求也不尽相同。每个人的评判都是主观的，我不喜欢的餐馆，可以有很多人喜欢，喜欢的人多，去吃饭的人就多，它自然就能赚到钱。"

每个人看股票的角度不一样，研究股票的方法也不一样，了解到的基本面信息不一定是真实的，内在价值、贴现率和价值分析法要弄懂都很麻烦，用各种技术指标判断买卖点也不一定准确。花费那么多时间，就得到一个不确定的结果，也不一定客观。

也有人会说："我有个朋友说一只股票三个月一定能翻倍，他做股票赚了不少钱，说的股票一般都很准，我跟着他买不是很简单吗？做股票为什么一定要搞那么复杂呢？"

这位的说法不无道理，根据一位经验丰富、实操业绩也不错的朋友建议买卖，可以省去耗力费神、占用不少时间的分析步骤，或许真能获得不错的收益。问题在于，谁能够保证这位朋友说得一定准？哪怕这次让他说准了，真能在三个月内赚一倍的利润，谁能保证今后1年、3年或者10年一直能赚到钱呢？

那位朋友靠谱的话，也不会认为自己有未卜先知的能耐，肯定要去做分析研判，然后得出自认为有把握的结论。他得出的结论同样是主观的，同样是不确定的，听从他的意见购买股票，并不能消除今后股价在市场上波动的不确定性。

况且那位朋友即使能长期靠股票赚钱，他与他人的友谊也可以长期维持，但是哪怕他再厉害，也不见得能一直给别人炒股建议。一个人的精力终究是有限的，这位朋友靠做股票让财富增值，必然是下过真功夫的，受他指导的人当然会受益。然而股市行情一直在波动，三个月的持股时间不算短，如果股价跌得比持有成本价低得多，对持股人的心理承受力是相当大的考验。

如果这位全靠听朋友建议做股票的持股人不了解这只股票，是否能坚持到从跌势反转为涨势，到最后实现原先的预期利润，是要打上一个大问号的。他也很可能有不止一个朋友，每一个朋友都可能给他不同的意见，在听到各种不同意见的时候，该怎么办呢？如果人云亦云，谁的意见都听，我可以断言，他最后肯定赔钱。

第1章就说过，做股票就相当于经营一份副业，做一份兼职。副业或者兼职都是和金钱收入直接相关的事务。生活中遇到涉及金钱收支的事务，都要有主见，自己做决定，得到理想结果的可能性才会最大。

只要是自己做的决定，即使结果不尽如人意，那么哪怕一度会怨天尤人，最终还是会认真分析和反思自己实操的得失和经验教训。这同样是常识，是不言自明的道理，做股票的时候同样会发挥作用，哪怕感觉不到。

如果你是个有主见的人，那么你已经拥有了适合做股票的一项重要心理素质。如果你缺乏主见，那么也没关系，重要的是愿意锻炼自己，让自己变得有主见，能在将来独立研判。任何研判都是主观的，研判的结果是否正确就交给市场来检验。

6.4 对股市行情保持平常心

对指数和股价的研判是否有效，最终只能让市场来给出答案。1970年，美国经济和金融学者尤金·法玛提出了有效市场假说（又称有效市场理论），这种假说设定股票市场的参与者都是理性的或者存在大量理性的、追求利益最大化的投资者，他们积极参与竞争，每个人都想要预测某只股票未来在市场上的股价，每个人都能轻易获得当前的重要信息。

在一个有效市场里，众多明智、理性的投资者的相互竞争，使得市场呈现了这种状态：任何时候，个股的市场价格都反映了已经发生的和尚未发生的，但市场预期将会发生的事情。

这一假说对经济和金融学术理论的发展，尤其是对资产价值认知方面有所贡献，尤金·法玛也在2013年获得诺贝尔经济学奖。然而这一假说太过理论化，哪怕对股市不太了解的人，略为观察一段时间内的股市行情变化，都知道在现实世界里，股票市场的参与者并不都是理性的。真正理性的、追求利益最大化的投资者的数量并不多，而且股票的重要信息不是每个人都能在第一时间得知的。

根据股票市场的上述这些真实现象，我们可以得出结论：股票市场并不一直是有效的市场。巴菲特也曾经评价过有效市场理论拥护者的局限性：他们看到市场**从长期来看是有效的**，就认为**市场永远是有效的**，这两种状态其实是有区别的，（几乎）相当于白天和黑夜的差别。

一代股神巴菲特可谓一语中的，他还借用恩师本杰明·格雷厄姆将股票市场拟人化为市场先生的手法说过，做股票就像和这位市场先生一起合伙做生意，而市场先生颇为情绪化，每天都会给你提出不同的报价，有时报价还差得很远，这种说法非常生动地说明了市场经常会无效的这个道理。

市场先生既然不是永远有效，那就意味着股票的市价有时是错误的，或者说是带有误导性的。市场越不成熟，有效的时间就越少，股票市价错误或误导参与者的时候就越多。有人会问："既然你说中国股市不成熟，经常无效，那还做什么股票呢？你是不是想说中国股市不适合操作？那还写这么多文字分析什么？我们看过你写的各种分析法和实例又有什么用呢？"

我的答案就是：正因为中国股市里的这位市场先生不成熟，经常会无效，提供的一大堆股票的报价经常是错误的、带有误导性的，我们就更要谨慎地对待这位市场先生提供的报价和其他市场信息。**要关心市场先生提供的股价走势信息，但是不能被他报出的行情牵着鼻子走。**

做投资的交易者大可任由市场先生自顾自喋喋不休地讲述股价走

势信息，不用经常和市场先生联系。交易者要做的就是专心找出有价值的上市公司，确定每股内在价值，然后耐心等待市场先生报出的股价低于每股内在价值，以理想的折扣价买入股票，只要上市公司的经营状况和内在价值没有出现变化，就安心等待市场先生提出一个明显高于内在价值的报价，再决定是否要卖出股票。

做投机的交易者必然比投资派更加关心股价和市场走势，但也不用每时每刻倾听市场先生的报价，不能被别人牵着鼻子走。科技先生会根据技术分析各宗门的前辈提出的各种数据分析法，将市场先生提出的报价整理成图表。

投机交易者要做的就是利用这些图表仔细甄别：什么情况下市场先生提出的正确报价更多，这种时候很容易低吸高抛赚取差价；什么情况下市场先生会提出错误的报价，这种时候交易者要尽量捂紧自己的钱袋子，一个不小心偏听偏信错误报价，就会蒙受损失，甚至越亏越多；什么情况下市场先生会提出似是而非的报价，这种报价是最难判断的，但是只要能识破他提出的这种报价的面纱掩盖的真实信息，就能先知先觉，在涨势确立的前夕建仓，在跌势即将出现之前顺利离场。

日本推理小说家东野圭吾的"加贺恭一郎"系列小说里有这样一句话"谎言是真相的影子"。大侦探加贺恭一郎侦破疑案的绝佳手段，就是从各种各样的谎言中找出破绽，从而让真相浮出水面。观察股市价格走势，也要保持一种侦探心态，要注意各种动向，但是不轻信盲动，这样才能在经常无效的股市里找到真正的盈利机会。

第 7 章 股票交易实操案例

本章讲述一些股票交易的实操案例。这里需要指出的是，不同的人对短线、中线和长线的交易周期具体应该如何划分，意见都不尽相同。例如，股神巴菲特的持股周期往往以数十年计，甚至终身持股，像这样的价值投资者，持股一两年后再抛出，就可以算作短线套利。而对于偏好短期持股、快进快出的投机交易者来说，持股 60 个交易日就算很长了。

本章以持股周期在 10 个交易日内为超短线，持股 10 ~ 30 个交易日为短线，持股 30 ~ 120 个交易日为中线，持股 120 个交易日以上为长线。需要指出的是，超短线和短线之间的界限并不明显，我只是根据实操经验和理解这样划分而已。

7.1 超短线（持股周期在 10 个交易日内）交易案例

我在青年时代，初入股市时，曾经做过几次超短线操作。当年上海坊间将这种持股周期非常短的交易戏称为"买菜钱"交易。

世纪之交的中国股市，网络委托还是新鲜玩意儿；手机刚刚开始普及，电话委托多使用座机拨号进行，上班族在单位里不方便这样操作，许多人都使用如今已经成为"古董"的股票传呼机（见图 7.1）观察行情和委托交易；交易股票的不少散户都是中老年人。证券公司营业部的散户厅会开辟出专区并布置座椅，主要供上了年纪的交易者坐在那里看墙上大屏幕的股票即时报价。

相传当年上海有这么一群阿姨阿婆，早晨买完菜，到了九点钟证券营业部开门的时候，就会到散户厅里找位子坐下，交易时间里填了单子委托买好股票，第二天扣除手续费，每股有一两毛钱，甚至几分钱的盈利就抛出，这样第三天买菜的钱就赚出来了。"买菜钱"的戏称便由此而来。

当年我还在百货商店里当营业员时，家里也没有买电脑。工作虽然无趣，好歹可以糊口，平日攒下的一点积蓄就拿来做股票。在大百货店当营业员的一个好处是做一天（12 小时）歇一天，所以我每周有两三天的时间可以去证券公司的营业部。彼时我对股票似懂非懂,虽然对价值投资、基本面分析和技术分析都有所了解,但真正操作起来还非常生涩。

当时我的境况实在不能说如意,心态上有些急于求成,又患得患失,操作也很容易受情绪影响。踏上社会不久、积蓄也不多的二十几岁的股市新手,多多少少都经历过这种状态。

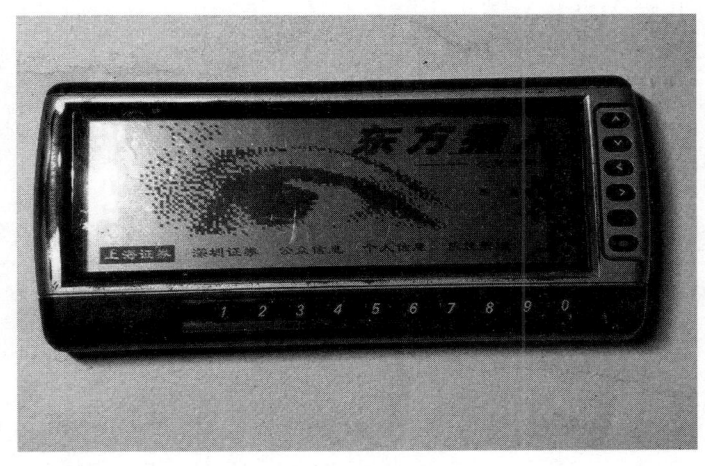

图 7.1 某收藏网站出售的旧式股票传呼机图样

我首次独立操作后不久,本想做长线投资,先买了 300 股茉织华(600555)。后来我多学了一些股票和财务分析知识,觉得这只股票已经不再适合长线投资,就止损抛出套现,改变了操作方法,做短线,希望多少能先取得一些盈利,弥补亏损。然而我对短线操作持股周期、每次操作的预期收益以及其在实操之前应当先订好的计划和原则没有清晰的思路。

当年中国股市的个股分化还不是很明显,整个市场很容易受政策面和消息面影响,经常出现齐涨齐跌的景象。我曾经以 9 元 / 股出头的价格，买入了 500 股厦门国贸（600755）。过了两三个交易日，我一走进开户的证券公司营业部，就看到大屏幕上一片红——股市普涨了。

厦门国贸大概比我的成本价上涨了 3% 左右。当时指数一直很疲软，大势并不好，我一心只想落袋为安，赶紧到自助终端划卡交易，将股票卖掉，扣掉手续费后赚了 100 多元钱。结果抛出后大概半小时，股价又涨上去了，收盘涨幅肯定超过 5%。等我回到家，才从妈妈那里得知，原来出了利好消息，行情应该至少还能持续几天。之后的行情具体怎样，我已经记不清具体时间，也无从考证了。

从超短线交易戏称的"买菜钱"交易，以及我早年的这次超短线交易实操经历可以看出，**超短线交易适合所有年龄层次和任何知识结构的人群操作**，哪怕交易者对证券分析毫无概念，对基本面和技术面一无所知都没问题。

我做这次交易的年份是在 21 世纪初，当时对财务指标的认识还很肤浅，但是对每股收益和市盈率还是有概念的。从大智慧软件查询可以得知 2000—2002 年，厦门国贸每股收益最多不过 0.17 元，当时会以超过 50 倍的市盈率购入这只股票，明显不是因为它有多大的投资价值，而多半是因为从技术分析角度来看或许会涨，甚至可能只是因为它的股价比其他股票，尤其是我开户后独立买入的第一只股票的股价低。

虽然这次交易赚了一些钱，但今天让我总结，会觉得这是我做过的最差的操作之一，甚至比过去亏损的某些交易更差，因为这笔交易做得实在是稀里糊涂。

第 7 章　股票交易实操案例

如果一开始就设定好目标，例如买股票就是为了在交易的第二天卖出，能赚到第三天的买菜钱，然后在买卖操作时完成了这个目标，那么这个交易者的操作思路就是清晰的，目标明确，交易行为也贯彻了交易意图。哪怕他的盈利比我少，超短线操作也比我成功。

由于我做超短线交易已经是 20 年前的事情了，当初打印的交割单在搬家时都处理掉了，具体日期实在记不清楚了，具体买卖价格可能在叙述的时候有一定出入，还请读者谅解。这些出入无关紧要，重要的是一定要记住这一点：在股市，**无目标的随机操作固然完全有可能盈利，但是目标明确的操作即使最终亏损，也胜过能盈利的随机操作。**

一个人哪怕运气再好，随机操作盈利的时候再多，这种操作也无法让他提高分析、研判和操作技能，而他不可能一辈子都交好运，一旦幸运不再眷顾，股价出现了从未经历过的暴跌，他很有可能会不知所措，无从应对。说回我当初的经历，一度快进快出的频繁操作并没有让我扭亏，而真正扭亏为盈靠的是 2005 年 6 月开始的那一次大牛市。

如果你希望成为股市里大约占所有交易者仅仅 10% 的赢家，超短线操作当然可以做，但必须对这种交易周期非常短的操作有清晰的认识，操作时必须遵守以下几条纪律。

（1）预先制定一个适当的盈利目标，一般以 3% ~ 5% 为宜。

（2）预先制定好一个止损价位，止损比例应比盈利目标比例略小，这样才能尽量提高长期抗风险能力，一般以 2% ~ 3% 为宜。

（3）超短线操作最初投入的资金占全部可用资金的比例最好不要

超过50%，以30%为宜，如果股价走势与预期不符，可以利用其余资金操作解套。

（4）在现在家用电脑普及、网络信息传播发达的时代，在做超短线操作时，尤其要注意宏观政策面对股市短期行情的正反面刺激因素，出现重大利好，可适当提高预定的盈利目标，实现短期利润最大化；反之，政策面出现重大利空，就需要考虑止损离场，或者利用剩余资金操作解套。

（5）超短线操作只能偶尔为之，频繁进行超短线操作会增加手续费和印花税等交易成本，哪怕盈利的次数多于亏损次数，也完全可能最终无利可图，甚至亏损。

做超短线交易，除了利用已经持仓的股票和剩余资金做T+0操作，可以忽略基本面分析这一环节。毕竟在10个交易日内，一家上市公司的经营状况出现剧变的概率非常低。当然，做这类交易也不能放松警惕，还是要注意是不是会出现影响某一行业或某家上市公司的经营状态的突发事件，**发生概率非常低的事件不等于永远不会发生**。

我和家人在操作思路成熟以后，都以做中长线交易为主，所以我们现在谈股票走势的时候，经常会提起要选择在上升通道或者涨势中运行的股票。这类股票当然也可以做短线甚至超短线，不过用作超短线操作的示例不够生动，所以本节还是选择了一只处于下降通道，也就是从中长期来看正处于跌势的股票五粮液来讲解，具体请看图7.2和图7.3。

第 7 章 股票交易实操案例

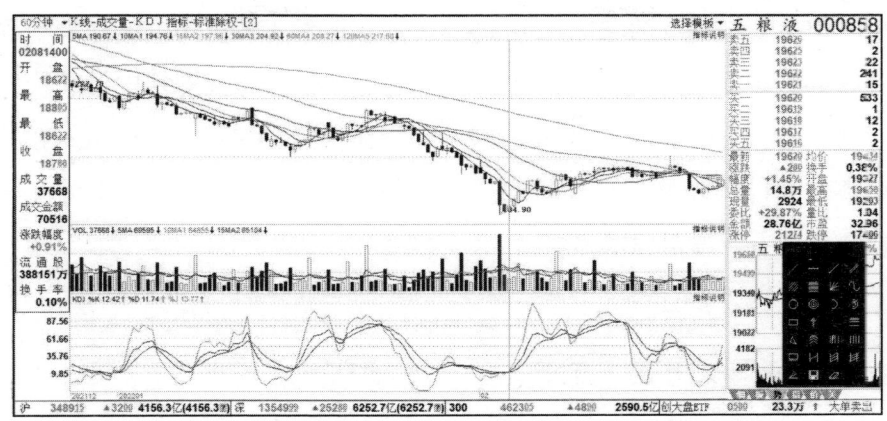

图 7.2 五粮液超短线操作示例 60 分钟线图

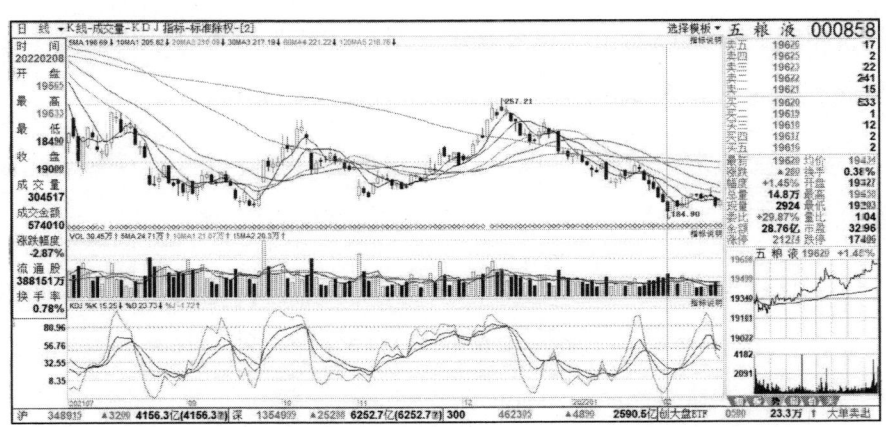

图 7.3 五粮液超短线操作示例日线图

做超短线操作的主要分析方法必然会选择技术分析，周期以 60 分钟线图为主，日线图为辅。主要参考移动平均线观察股价的反弹趋势，观察对股价短期变动敏感的 KDJ 指标来确定买入点。

观察图 7.2 和图 7.3 中的 K 线可知五粮液（000858）这只股票处于明显的下降通道，到 2022 年 2 月 8 日 10 时 30 分在 60 分钟线图（或小时图）上见到近期最低价184.9元/股，股价走势在图上的短期顶部和底部都是逐渐降低的。再看移动平均线，股价一直受到中长期均线压制，当股价向下偏离30小时线和60小时线较多时，就会回归均线，出现短期反弹行情。日线图上也能发现股价在向下偏离10日线或20日线较多时，会出现反弹行情。

确定了股价的反弹趋势，就可以用KDJ指标来确定买入价位了。2月8日的日KDJ的J值虽然是-1.72，但是已经不再创下新低。当天14:00，小时线KDJ已经在低位出现两次金叉，在188元/股即可买入，等股价反弹到30小时线或者10日线，来到预期盈利5%左右的价格时，就可以卖出。完成这次交易后，就不用再留恋仍然处于中长期下降通道的五粮液，专心准备下一次新交易即可。

买入前制定了明确的目标，买入和卖出时都经过仔细观察，达成盈利目标后不再恋战，这样才是一次成功的超短线交易。

在此我再阐述一下为什么不能过于频繁地进行超短线交易。每次交易都在10个交易日，甚至5个交易日内完成，能够长时间盈利的超短线交易高手确实存在，但这样的人只是凤毛麟角。成为超短线高手，既有运气成分，同时他对股价的短期频繁波动必须拥有接近本能的直觉，而这是普通人很难通过训练就能达到的境界。

股市里没有谁能永远不犯错误。扣除节假日，股市一年大约有250个交易日，假设某超短线高手每5个交易日就用全部资金完成一次交易，一年做50次交易，每盈利2次才亏损1次，那么一年33次交易盈利，17次亏损。假设每次交易扣除手续费和印花税，盈利和亏损的比率都是3%，那么一年的收益率大致为 $(1.03^{33} \times 0.97^{17}-1) \times 100\% = 58\%$，非常优厚。

股市新手经过一段时间的历练,如果能达到每盈利 1 次亏损 1 次的水平,已经相当不错了,那么一年用全部资金做超短线交易 50 次,能达到 25 次盈利和 25 次亏损的成绩。同样假设每次交易扣除手续费和印花税,盈利和亏损的比率都是 3%,那么一年的收益率大致为 $(1.03^{25} \times 0.97^{25} - 1) \times 100\% = -2.23\%$,反而会出现亏损。

综上所述,哪怕经过较长时间的实操,从新手晋级为老手,想要靠频繁进行超短线操作取得长期收益都是很困难的。**因此对新手不推荐频繁进行超短线操作。**

7.2 短线(持股周期在 10 ~ 30 个交易日)交易案例

持股周期在 10 ~ 30 个交易日的交易,在本节被归为短线交易。初入股市,做持股 10 个交易日以下的超短线交易,对证券分析一无所知也没关系。做短线交易同样也可以不用太在意上市公司的基本面,但最好选择绩优成长股或者至少是今年业绩看好的股票操作。

哪怕选择近年业绩不佳的个股,也最好选择只是因为外界因素影响,公司本身的经营状况从长期来看并没有什么问题的上市公司入手。毕竟这样的个股哪怕在市场大势不佳的时候,仍然具有较强的抗风险能力。做短线交易肯定比做超短线交易更加重视技术分析。

做超短线交易时应当遵守的几项基本纪律，短线交易也要遵守，但是因为持股周期成倍延长，纪律的细节可以做一些调整：盈利目标可以提高为 5% ~ 10%，止损点设为 3% ~ 5%。

因为短线交易有可能持续到 30 个交易日之久，就不能完全沿用超短线交易的思路和策略了。因为超短线交易的持股时间很短，哪怕股价的中长期走势在下降通道运行，只要有小幅反弹的可能性，都可以操作，但是短线交易持股时间延长到 10 个交易日以上，甚至可能达到 30 个交易日左右，那么选择的股票至少从中期来看应该处于上升通道才能够进行。为了让我们的交易把握更大，有必要多看一些技术指标，多注意一些股价走势的**特殊形态**。

我们在为短线交易进行技术分析的时候，应当以日线图为主，60 分钟（小时）线图为辅。由图 7.4 和图 7.5 可以看出，从 2021 年 11 月下旬开始，上海机场（600009）的股价在日线图和小时线图上的走势都呈现出明显的 W 双底形态。**日线 RSI 指标和日 K 线一样呈现双底形态。**

5 日线、10 日线、20 日线和 30 日线在日 K 线构筑双底形态期间，**逐渐从空头排列转为多头排列。**60 日线在股价从图 7.4 左中短期上升通道转入下降通道时，即已从左下上穿 120 日线，预示着中期趋势可能转好，即使在股价下跌时，60 日线也在继续缓慢上行，120 日线的下降趋势在逐步减缓。

我们再看小时线图（见图 7.5），股价在日 K 线图形上走出双底形态的同时，在 60 分钟 K 线上也走出了类似的形态，RSI 指标的形态虽然稍显复杂，也仍然呈现出双底形态。

第 7 章　股票交易实操案例

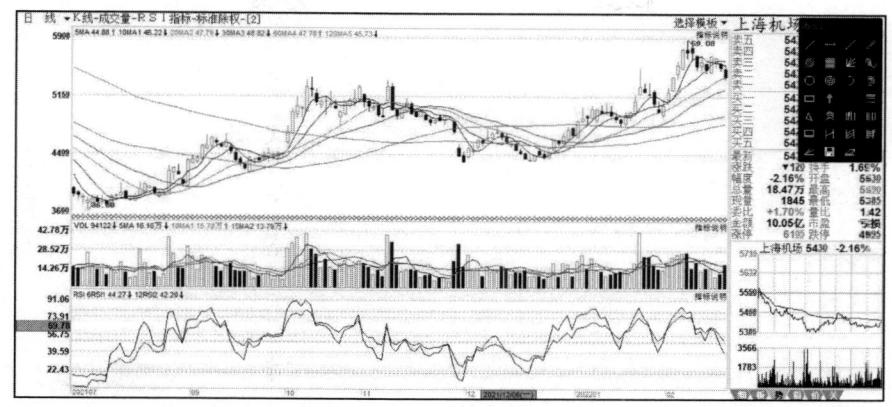

图 7.4　上海机场短线操作示例日线图

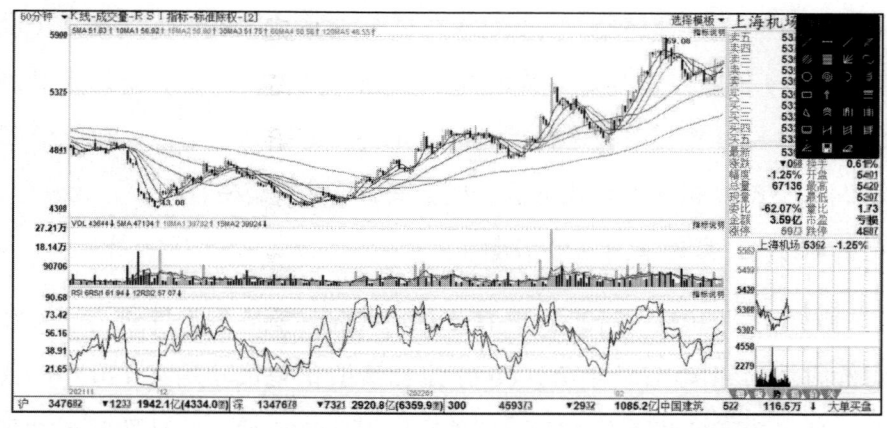

图 7.5　上海机场短线操作示例 60 分钟线图

股价在日 K 线和 60 分钟 K 线形态上基本同步构筑双底，RSI 形态也呈现类似形态。在第 2 个短期底部形成期间，两种分析周期的均线都已多头排列，预示着股价至少短期内会重新进入上升通道。为了确定合适的买点，我们有必要再观察一下对短期股价非常敏感的 KDJ 指标，如图 7.6 所示。

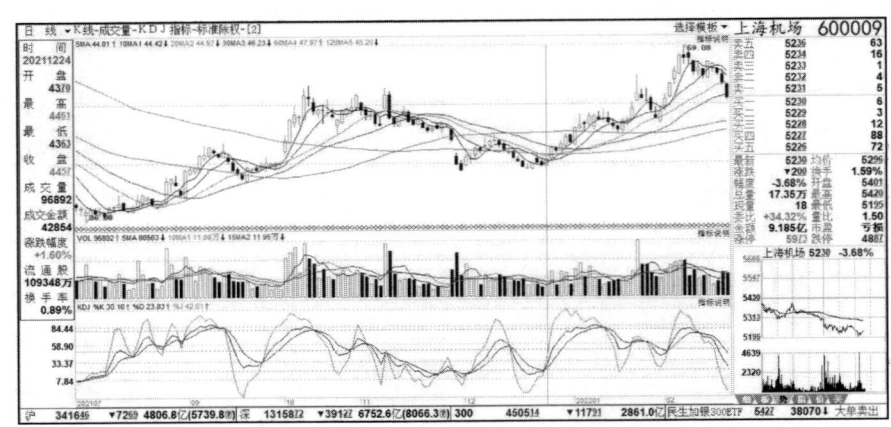

图 7.6　上海机场短线操作示例日 KDJ 指标

从图 7.6 中可以看到，日 KDJ 在日 K 线形成双底形态的第 2 个底部期间，J 值曾经连续 4 天数值都小于 10。这个时候，就要每天都观察股价和 KDJ 指标等技术指标的后续走势。如图 7.6 所示，2021 年 12 月 24 日，KDJ 指标已经在低位形成金叉，假设某交易者有 5 万元资金，就在 44.5 元 / 股时买入 200 股建仓。

此后等到 2021 年 12 月 29 日，日均线完全形成多头排列，日 K 线股价成功站到 30 日线上方，60 分钟 K 线股价也成功站在 120 小时线上方时，就可以继续在 47 元 / 股左右时买入 300 股，将持股量增加到 500 股，这样平均持仓成本价大约为 46 元 / 股。

到 2022 年 1 月 10 日，交易者从 2021 年 12 月 24 日建仓以来，持股已经超过 10 个交易日。此时日线 KDJ 的 3 个数值都进入超买区，K 值为 86.34，D 值为 81.63，J 值为 95.77，都在 80 以上，股价在盘中达到 50 元 / 股以上，收盘为 49.99 元 / 股。

此后的 3 个交易日，KDJ 指标继续走低，逐渐形成高位死叉，盘中股价都到达 50 元/股以上，5 日均线虽有下行趋向，但 10 日线、20 日线和中长期均线的向上趋势仍未改变。交易者既可以在 50 元/股左右的价格将股票抛出，扣除手续费，盈利大约 1900 元，除以持仓成本 2.3 万元，**单笔交易收益率**可达 8% 以上，除以起始资金 5 万元，**起始资金收益率**仍可达 3.8%；也可以继续持仓观望，进退都有空间。

如果选择继续持仓的话，就可以适度将最高的期望交易收益率调高到 15% 左右。风险偏好较强的交易者也可以在 2022 年 1 月 17 日或 18 日，在股价回落到 48 元/股左右时增仓到 700 股，平均持仓成本大约为每股 46.6 元/股。

2022 年 1 月 21 日，在持仓 19 个交易日后，因为 K 线图出现长上影线的偏空信号，选择在 53 元/股左右时全部抛出，扣除手续费，每股能赚 6 元以上，盈利 4300 元以上，单笔交易收益率达到 13% 以上，起始资金收益率也超过 8.6%。

到了这个阶段，如果交易者的心理素质比较好，抗压能力较强，还观察到这一阶段 5 日线虽然波动较为明显，但其他均线仍然呈多头排列继续稳步向上，那么也可以在 2022 年 1 月 21 日选择抛出部分股票，比方说抛出 400 股，留下 300 股。这样就获利 2500 元左右，以这部分盈利抵减留存的 300 股股票的持仓成本，每股持仓成本就从 46.6 元/股下降到 38.3 元/股。

哪怕他以后再也没有继续买入这只股票增仓，持股至 2022 年 2 月 13 日或 2 月 14 日，**KDJ 指标出现顶背离状态**时，以 57.5 元/股左右卖出。根据抵减后的持仓成本，扣除手续费，这 300 股每股盈利 19 元左右，一共盈利 5700 元。这样他从建仓买入上海机场这只股票到全部抛出，共经历了 30 个交易日，总盈利 5700 元，总持仓成本 32 700 元左右，交易收益率为 17.4%，起始资金收益率 11.4%。

选择股价处于中期上升通道的股票，投入 20%～70% 的资金，灵活控制持仓量，在为期 30 个交易日的操作结束后，取得 11.4% 的纯利是相当出色的成绩了，在个别交易中完全能够达到。

如果你看到这里，认为一年有 250 个交易日，能够做 8 次这样的交易，一年就能实现资金翻倍的壮举。那么我想说的是，有这样的雄心是好事，在股市整体处于牛市时，是有可能做到的，问题是如果股市在整体上处于熊市或者是以震荡为主的**牛皮市**，绝大多数股票都不会一直处于上升通道。比如我在本节举例说明的上海机场从 2021 年 1 月 29 日到 8 月 2 日，超过半年的时间里都处于下降通道。这段时间并没有较为合适的短线操作空间。

如果你想要以短线操作为主，那么我的建议是在一年里选择处于上升通道的股票做 4～8 次短线操作，具体操作时间和持股周期灵活选择，其他的时候哪怕空仓，也要规避大势不好或者市场上大多数股票处于下降通道、对短线操作不利的行情。

选择较为中庸的数据，一年计划做 6 次、持股周期在 15～20 天的短线操作，如果最终 2 次总收益率能达到 10%，1 次总收益率为 4%，2 次各亏损 3%，一次亏损较多为 7%，年度总收益率就可以达到 10% 或略多，仍然是一个完全有望实现的目标。

7.3 中线（持股周期在 30 ~ 120 个交易日）交易案例

持股周期在 30 ~ 120 个交易日的操作，在本节被归为中线交易。做中线交易，就必然要比短线交易更加重视基本面，尤其是上市公司的经营状况。因为算上节假日，30 个交易日一共要经历一个半月左右的时间，中线交易的实际持股时间经常长达几个月，甚至半年左右。

除上市公司随时可能就经营状况等问题发布的公告外，中线交易期间遇上上市公司发布季度报表、半年报表和年报的概率都非常大。另外，中线交易在有利的条件下有可能转为长线操作，那么就更加有必要关心基本面了。

做中线，虽然不用像巴菲特那样关心一家上市公司今后 100 年的现金流或者股东盈余，至少也要注意一下这家上市公司一年之内的每股收益和资产负债状况。另外，在做中线交易之前需要关注宏观经济面和突发性重大事件可能对经济大环境和某些行业的影响。

例如，2020 年 12 月 31 日，中国人民银行（以下简称央行）给商业银行设定了关于房贷规模的两条硬性规定（即两道红线），将国内的银行类企业分为五档，对房地产贷款的集中度提出了明确的管理要求：规定房地产贷款（房地产公司贷款加上个人住房贷款）占全部贷款比例的上限为 40%，个人住房贷款占全部贷款比例的上限为 32.5%。

央行对 2020 年末占比超出规定比例 2 个百分点以内的银行，给予 2 年业务调整的过渡期；超出规定比例 2 个百分点以上的银行，给予 4

年业务过渡期安排，具体见表 7.1。

表 7.1 商业银行房贷规模一览表

	个人住房贷款占比			房地产贷款占比		
第一档：大型银行	监管上限 /%：32.5	是否超标	过渡期 / 年	监管上限 /%：40.0	是否超标	过渡期 / 年
工商银行	33.5	是	2	39.3	否	—
中国银行	35.6	是	4	41.4	是	2
建设银行	36.1	是	4	41.0	是	2
农业银行	31.5	否	—	37.1	否	—
交通银行	22.4	否	—	28.4	否	—
邮储银行	33.6	是	2	35.2	否	—
第二档：中型银行	监管上限 /%：20.0	是否超标	过渡期 / 年	监管上限 /%：27.5	是否超标	过渡期 / 年
浦发银行	19.9	否	—	28.7	是	2
招商银行	25.5	是	4	34.3	是	4
民生银行	12.8	否	—	26.3	否	—
中信银行	20.7	是	2	27.9	是	2
光大银行	15.6	否	—	23.9	否	—
华夏银行	12.0	否	—	20.0	否	—
平安银行	8.8	否	—	20.0	否	—
上海银行	10.2	否	—	24.7	否	—
北京银行	—			—		
浙商银行	6.0	否	—	20.4	否	—

续表

	个人住房贷款占比			房地产贷款占比		
江苏银行	17.7	否	—	25.2	否	—
第三档：小型银行	监管上限/%：17.5	是否超标	过渡期/年	监管上限/%：22.5	是否超标	过渡期/年
南京银行	10.6	否	—	14.2	否	—
杭州银行	14.4	否	—	24.9	是	4
宁波银行	1.1	否	—	6.3	否	—
长沙银行	15.5	否	—	18.1	否	—
成都银行	26.0	是	4	35.8	是	4
青岛银行	19.9	是	4	31.6	是	4
郑州银行	18.4	是	2	32.9	是	4
贵阳银行	7.9	否	—	15.8	否	—

25家上市银行中，一共有11家银行超过一项或两项硬性标准，超标比例达到44%。这意味着上市银行的市盈率和市净率虽然普遍较低，但是对房地产行业发放的贷款违约风险有增大的隐忧。对于近年房贷断供、违约、法拍房数量增加的现象，也佐证了这一点。这意味着银行类上市公司的未来前景需要打上一个问号。

2021年下半年，随着商业银行收紧对房地产的按揭贷款业务，中国房地产巨头恒大集团爆发债务危机，经营陷入困境。恒大使用商业票据结算的数额远高于其他大型房地产企业，最先迎来了债务危机，其他房地产企业在商业银行收紧房贷、居民购房意愿下降的大背景下，今后的业绩增长前景是不容乐观的。

事实上，2020年12月31日至2021年12月31日，上证指数从3473.07点上涨至3639.78点，涨幅为4.8%。地产指数（指数代码000006）同期从6322.26点跌至6259.56点，跌幅为1%，全年表现比上证指数还低5.8个百分点。这就说明除非出现对房地产市场的重大利好消息，近期要做中期交易的话，应当将房地产股放在较后的位置考虑。

2021年度，上证银行指数从819.1点跌至779.92点，全年跌幅为4.78%，全年表现比上证指数低9.58个百分点。这说明银行股的表现比房地产股还差，若近期要做中长期交易，应当将银行股放在比房地产股更后面的位置考虑。

那么究竟该选择哪一类或者哪一行业的股票进行中线交易呢？其实在7.1节和7.2节已经给出提示了，现在可以先比较一下某行业分类指数与综合指数近一年度的表现。

由图7.7可以看出，在2021年，上证能源（000032）从1113.64点涨至1442.91点，涨幅为29.57%，比上证指数同期的涨幅高了将近25个百分点。再往前看，其实从2020年7月起，上证能源指数就已经开始进入上升通道，到2020年底，6个月的涨幅为14.65%，虽然略低于上证指数同期16.11%的涨幅，但差距并不大。

再看一下近期上证能源指数的月K线、均线和成交量，就会发现2021年8月到9月，能源指数在接连突破60月线和120月线的压制后，面临上方较为沉重的常年深套盘压制，在接下来的两个月出现了较深幅度的回落，但是在逐渐走平的60月线仍然得到了支撑。

第 7 章 股票交易实操案例

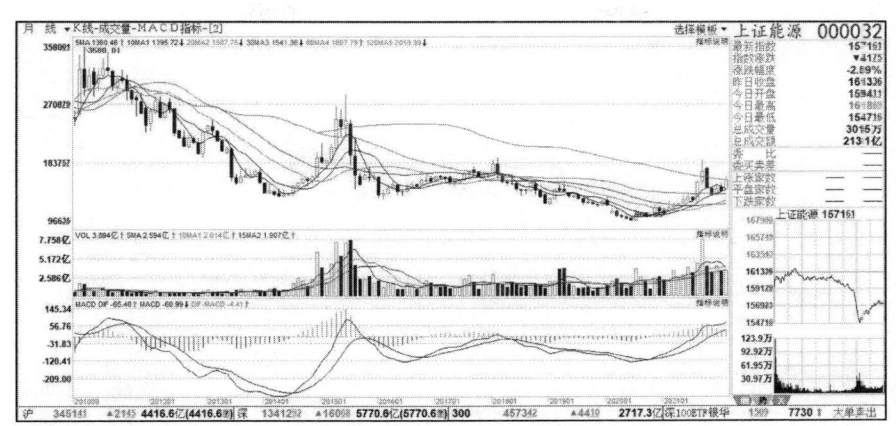

图 7.7　上证能源指数月线示例

接下来看上证能源指数的月 MACD 指标，2020 年 11 月 DIF 曲线与 MACD 曲线在零轴下方实现金叉后，一直在稳步上升，零轴上方柱体逐渐放大。2021 年 11 月，DIF 曲线和 MACD 曲线都已经回到零轴上方。零轴上方的柱体在 2021 年 9 月达到近几年的最大值 68.67 后，虽然连续 4 个月收缩，但是 2022 年 2 月已经重新开始放大。

后市月均线要完全形成多头排列，K 线要有效站在均线上方，指数固然还会出现波动，但中长期向好的趋势已较为明朗。这意味着在 2022 年度进行中长期交易是可以考虑能源类股票的。

再观察一下上证能源指数的周线图（见图 7.8），5 周线、10 周线、20 周线和 30 周线在经历一段时间的调整后，出现了粘连迹象，指数近 3 周都位于均线上方，但均线要完成向上的发散多头排列还需要一段时间，所以近期周线可能还有调整。然而 60 周线和 120 周线在形成金叉后仍在稳步向上，周 MACD 在零轴上方形成金叉，所以中长线趋势仍然可以看好。

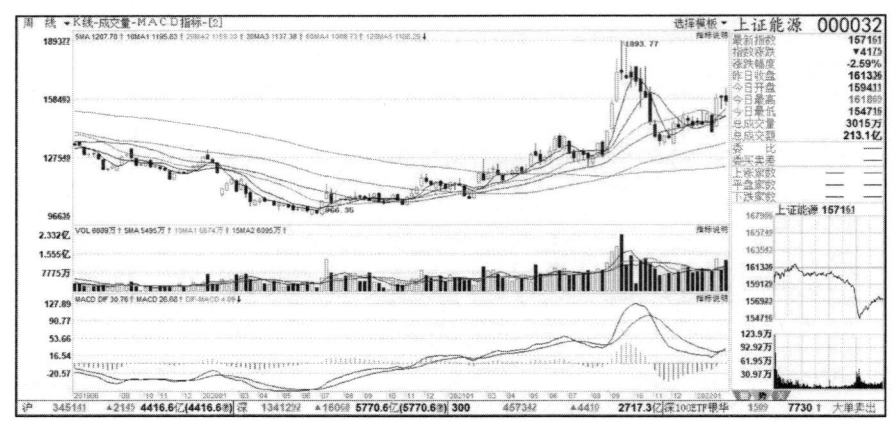

图 7.8　上证能源指数周线示例

能源行业属于周期性行业，自 2020 年新冠疫情暴发以来，世界各国普遍采取宽松的财政和货币政策，在赈济因新冠疫情受到影响的人群的同时，希望以此提振受到疫情严重影响的经济景气度。这样的宽松政策必然会带来新一轮全球通胀压力，而这对周期性行业，尤其是资源类行业的经营业绩会产生正面影响。放在这样的大背景下，就能更好地理解自 2020 年 7 月以来，上证能源指数为何呈现中长期向好的趋势。

我们通过上证能源指数的走势已经能看出 2021 年度就曾经出现过一波强劲的中线上涨行情，2022 年度也仍然有中长线机会，那么接下来就选择一只能源类个股做更具体的案例分析。

兰花科创（600123）从股票名称来看，似乎是一只科技类个股，但它是地地道道的传统能源类个股，公司主营业务是煤炭及相关产品的生产和销售。2020 年度，该公司的每股收益为 0.328 元。2021 年，随着能源行业的景气度全面提升和日益明显的通胀压力，主营煤炭、石油和天然气等传统能源产业的上市公司经营状况全面向好，证券公司等机构也纷纷调高能源类公司的预期业绩。

2021年4月27日，兰花科创披露了当年第一季度报表，报表显示公司的经营业绩在全面好转，第一季度的每股收益达到0.1986元，比2020年同期增长300%以上。如果一直关注上市公司的基本面的话，在这个时间点前后就可以关注它的股价走势了。因为本节分析的是持股30～120日的中线交易，所以需要重点分析的技术分析指标是MACD。

由图7.9可知，2021年4月27日当天，兰花科创的股价是下跌的，收盘价为5.65元/股，日均线已经出现明显的多头排列，只有60日线还在120日线下方，但是60日均价仅比120日均价低7分钱而已，6条日均线已经呈现从粘连逐渐向上发散的状态。日MACD的DIF和MACD趋势线都已位于零轴上方，而且都在向上走，柱体随时可能转移到零轴上方。

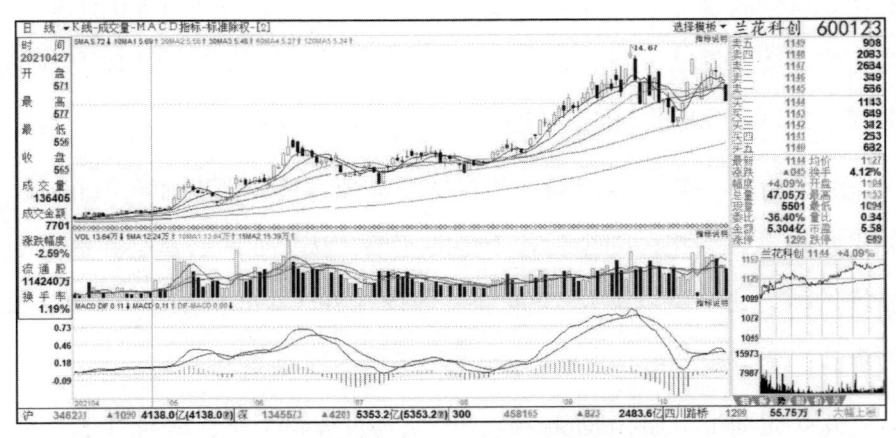

图7.9 兰花科创中线交易日线示例

再由图7.10可知，兰花科创的周线当时已经逐渐完成筑底形态，除 120 周线正在走平之外，另外 5 条周均线都已经形成多头排列，有向上发散的趋势。同时周 MACD 不久前形成了金叉，近几周在零轴上方的柱体在逐渐放大。

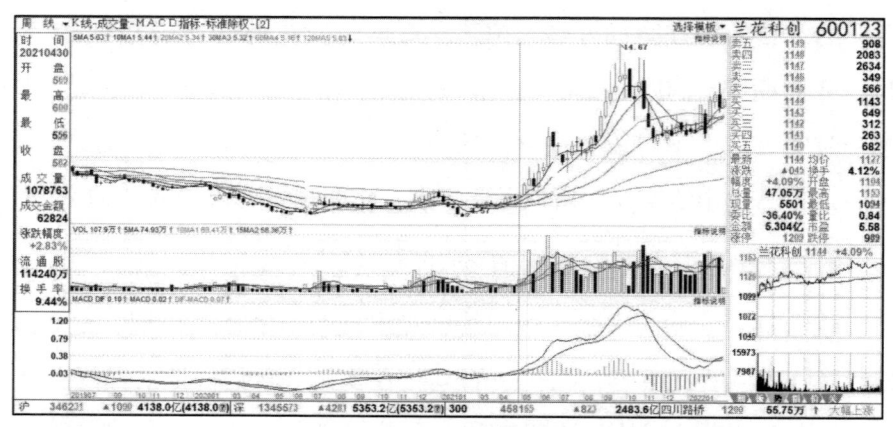

图 7.10　兰花科创中线交易周线示例

如果一位交易者有 5 万元资金，要做中期交易，在 2021 年 4 月 28 日兰花科创放量上涨的时候，可以在 5.75 元 / 股左右买入 1000 股建仓，当天收盘即有浮动盈利。此后 2 个交易日在股价回探 5 日和 10 日线的时候，可以在 5.8 元 / 股左右再度买入 1000～2000 股。

如果对五一劳动节假期后的行情持谨慎态度，那就加仓 1000 股。如果坚持看好兰花科创今后若干年的业绩，认为业绩必然会在股价上体现的话，完全可以加仓 2000 股。假设在五一小长假前以 5.8 元 / 股的平均成本价一共买入 3000 股，持仓比例大约为 35%。

五一假期结束后，股价一连 5 个交易日放量上涨，股价在 5 月 10 日以涨停板收盘，来到 7.07 元 / 股，然后呈现短线高位盘整状态，如图 7.11 所示，当天 KDJ 的 J 值超过 100，明显处于超买区，短线走势有回调的可能。

图 7.11　兰花科创中线交易日线 KDJ 指标示例

这波交易以中线为本，在短线高抛低吸的机会出现的时候，也可以进行一些短线的套利交易，但是**切记一定不要全部抛出，这样万一股价在短线没有像我们预料的那样下跌，而是一路快速上涨，至少留下的股票还能赚到以后上涨带来的利润**。

在 2021 年 5 月 11 日和 12 日，兰花科创的 K 值和 D 值都超过 80，进入严重超买区后，中线交易的交易者可以在这两日比较高的价格时，比如 7.15 元 / 股和 7.35 元 / 股各卖出 500 股。2021 年 5 月 13 日，KDJ 指标在高位形成死叉时，他可以在 7.1 元 / 股再度卖出 500 股。这样他就以平均 7.2 元 / 股的价格卖出了 1500 股，扣除各项税费后的纯利是 2062.8 元。

此时他还持仓 1500 股，利润可抵扣持仓成本大约 1.37 元 / 股，那么持仓成本就降到 4.43 元 / 股。那么即使后市股价出现一定幅度的回调，他也可以比较从容地继续操作。

2021年5月19日以后，股价在5日线和10日线形成死叉后，连续2个交易日跌幅都比较大，但是从图7.10的周线图上就可以看出股价尚未有效跌破5周线，在图7.9的日线图上也在30日线附近得到了支撑。哪怕交易者出于谨慎起见，在5月20日没有加仓，在5月21日和22日，股价连续两天收出小阳线时，也可以加仓买入了。

假设他在6.35元/股和6.45元/股各买入1000股，这样就一共持仓3500股，将仓位增加到总资金量的40%左右，平均持仓成本为5.56元/股左右。

然后股价连续2个交易日都收出涨幅超过6%的阳线，5月26日收盘价已经涨至7.5元/股。如图7.9所示，当天日MACD的DIF趋势线和MACD趋势线已经形成金叉，零轴上方开始出现较小的柱体。从图7.10可以看出，周MACD的走势也在继续向好，早已位于零轴上方的两条趋势线之间的距离在继续逐渐扩大。

那么接下去的几个交易日，股价虽然在窄幅整理，只要中线走向没有转为下降趋势，短线走向也没有很强的调整信号出现，交易者就可以继续持股，不必考虑减仓。

2021年6月4日，股价在下探20日线后收出了阳线，收盘价再度回到5日线上方，随后几个交易日连续放量拉升。6月10日，股价盘中一度上攻到9.79元/股，收盘报9.2元/股，日K线收出一根带长上影线的中阳线。**股价连续上涨后，日K线的这种形态意味着短线有回调压力。**日KDJ的走势呈现出可能在超买区形成死叉的迹象，那么持股者从次日起就必须特别注意。

2021年6月11日，股价高开低走，KDJ指标已经形成死叉，那么 6 月 12 日股价再度高开低走的时候，交易者可以选择抛出部分股票，比如在 9.3 元/股左右抛出 1500 股，每股即可获利大约 3.7 元，可实现利润 5550 元，仍然持仓的 2000 股的成本可被抵扣掉 2.77 元/股，持仓成本可低至 2.79 元/股。

此时，他从建仓持有这只股票开始一共 31 个交易日，持仓 2000 股，按照 2021 年 6 月 12 日的收盘价 8.94 元/股减去已经因为两次高位抛出套利后抵减的成本 2.79 元/股，浮动盈余为 12 300 元。如果在计算之后，觉得这样的回报已经足够让他满意，选择见好就收，也可以在接下去的 3 个交易日里，选择 5 日线扭头向下，KDJ 指标持续走低的时候，将这 2000 股在 9 元/股以上的价格全部抛出。

如此一来，在为期 34 个交易日的中线操作完全结束时，这位交易者的获利就超过 12 400 元，对原始总资金 50 000 元来说，获利将近 25%。虽然这样的回报已经相当丰厚了，但是可以从周线图上看到该股的中长期走势并没有转入下降通道。

鉴于大多数人在抛出某只股票后，相当长一段时间就不再关注，所以如果已经在高位抛出部分持股，使得剩余持股的单位成本很低的情况下，观察到股价中长期走势仍可能看高一线，基本面也没有传出负面消息，宏观经济对所处行业有利，公司经营业绩又有继续提振前景的话，交易者完全可以继续持股。

至于之后该怎样操作就不多说了，读者大可以根据后来的走势模拟操作，想象一下应该怎样在尽可能控制风险的前提下实现尽可能多的利润。

在本节的最后，将分析兰花科创这只股票在 2022 年的前景。

2021年8月24日，兰花科创的半年度报告披露中期每股收益达到0.6083元，比2020年全年高出将近一倍。2022年2月16日，兰花科创公司管理层发布业绩预告，声称2021年全面归属上市公司股东的净利润比2020年同期增长525.12%。2020年每股收益为0.328元，那么2021年每股收益预测为2.05元，预计年度净资产收益率为19.8%，达到2009年以来的最高值。

由于在本书写作期间，该公司的2022年年度报表尚未经过审计公布，而在缺少现金流量表数据的情况下，无法估算年度股东盈余和每股股东盈余，但是鉴于近年该公司的折旧、无形资产摊销和长期待摊费用摊销总和减去购建固定资产、无形资产和其他长期资产所支付的现金之差基本为正值，所以哪怕我们保守地估计本年度这一数字为0，年度每股收益正好等于年度每股股东盈余，那么每股股东盈余就是2.05元。

考虑到周期性行业经营状况和业绩的不稳定性，假定今后兰花科创的年度每股股东盈余平均只有2.05元的一半，即1.025元，以5%的长期贷款利率贴现，那么内在价值就是20.5元，而2021年这只股票的市价最高不过14.67元/股。

2021年9月下旬和10月下旬，兰花科创的股价在日线图上呈现出较为典型的M形双顶态势，然后迎来一次较深幅度的调整，股价从14元/股左右下调到11月中旬的不足9元/股。此后股价进入了整理阶段，日均线从向右下发散的空头排列状态，逐渐转为粘连状态。

同一时期日线MACD的DIF趋势线和MACD趋势线在零轴下方低位形成金叉后逐渐上行，到2022年1月20日双双重新回到零轴上方，2022年春节前后在零轴上方形成短暂死叉后又再度转为金叉。

从图 7.10 兰花科创的周线图上也可以看到，股价在周线图上回落调整时，周 MACD 指标即使在零轴下方接连出现柱体时，两条趋势线都始终在零轴上方运行。2022 年 2 月的第 2 周交易在 18 日结束时，兰花科创的周 DIF 和 MACD 趋势线在零轴上方形成金叉，柱体也在零轴上方出现。

兰花科创的技术形态方面显示其中长线前景仍可看好。2022 年 2 月 24 日爆发的俄乌军事冲突，让价格本就看涨的能源行业得到了新的刺激因素。兰花科创 2022 年 2 月下旬到 3 月初的股价就在 10.68 ~ 12 元 / 股，是估算的内在价值的五六折，根据价值投资理论，在这个价位持股，就可获得一条比较宽阔的护城壕。

综上所述，2022 年，这只股票是完全有中线操作机会的。当然，具体在什么价位介入，仍然要在经过仔细观察和测算之后再做交易。另外，如果买入之后有转做长线打算的话，**不要忘记能源行业属于工业类周期性行业，这一大类上市公司的经营状况和业绩，受经济周期和行业景气度影响终究是比较大的**。

7.4　长线（持股周期在 120 个交易日以上）交易案例

本节将持股周期在 120 个交易日以上，考虑节假日因素，持股基本在半年以上的交易归为长线交易。长线交易持股时间最长可达到巴菲特所说的**终生**，这样的股票投资某种意义上就像是**婚姻，要长期坚持下去绝对不易，但如果选对了，就会终生受用。**

持股长达数十年的案例，读者大可以去了解巴菲特对华盛顿邮报等美国上市公司的投资。前文也列举过中国A股市场上高端白酒股的例子，如果投资者在低价买入后一直持股至今，还打算继续持有的话，那就是可以类比巴菲特的成功投资。

本节讲解的具体个案和股神巴菲特还真有关系，就是在上证所A股市场和香港联交所H股市场都上市的中国石油（简称中石油，A股代码601857，H股代码00857）。2003年至2004年，中石油尚未在中国内地上市，巴菲特先生当年购买的是在香港联交所上市的中石油H股。

根据巴菲特的投资旗舰伯克希尔·哈撒韦公司（以下简称伯克希尔公司）2005年年报披露，2005年巴菲特共投入了4亿美元（按照港币对美元7.8∶1的联系汇率，可以换算出这笔投资相当于31.2亿港币），购入相当于中石油当时总股本1.3%的H股。

中石油当时的总股本是大约18 002 097.78万股，那么可以推算出巴菲特当时以伯克希尔公司的名义买入了大约23.4亿股，每股平均成本大约为1.33元港币。2004年人民币对美元汇率的中间价是8.277∶1，那么可换算出这次投资的每股平均成本大约为1.415元人民币。

从大智慧365软件按F10键进入基本面资料的财务透视选项里，可以查询到中石油2004年度的财务数据。2004年度中石油的每股收益为0.55元人民币，净资产为2.24元人民币，也就是说，巴菲特以不到3倍市盈率和0.63倍市净率的价格买入了中石油的H股。

这里要插叙一笔：市净率小于 1 倍，也就是说，市价跌破每股净资产的股票，**不一定就有投资价值**。净资产指的是公司总资产减去总负债以后的账面净值，而在计算净资产的时候，公司的各种设备和存货都会进行折现估值，但这样的估值不等于这些资产在市面上出售就一定能够变现得到的现金价值。

像中石油这样的世界级超大型石油和天然气开采企业，必然有大量采掘设备之类的固定资产。当经济增长强劲，工业企业开工率高，对油气需求旺盛，油价和气价也在攀升时，油气类企业的这些设备采掘的石油和天然气就能卖上好价钱，如果公司的盈利高、现金流充裕，固定资产就在为盈利发挥作用，净资产才真正有价值。**这也是价值投资者强调净资产收益率的根本原因。**

当经济不景气，工业企业开工不足，油气需求疲软，油价和气价走低时，公司的盈利就会降低，现金流也可能会不足，甚至出现亏损，这个时候，固定资产生产的产品销售出去赚不到钱甚至亏损，净资产收益率很低，甚至为负值，那么净资产的账面数字再高，也谈不上有价值。

巴菲特在伯克希尔公司的 2005 年年报里讲述投资中石油的原因时，没有提到净资产，而是提到了另外几项他更加重视的指标。他首先提到中石油负债水平不是很高：资产负债率在 2002 年年末为 35.76%、2003 年年末为 31.69%、2004 年年末为 29.45%，连续三年逐年下降，这对一家需要大量资本投入维持的大型企业来说确实相当难得。

其次他提到中石油计划将 45% 的盈利向股东分派现金红利，实际上**中石油至今每年都会分红两次**，按照 2004 年年末的每股收益 0.55 元来计算，2005年每股预计共分红0.2475元左右，对照巴菲特1.415元/股的成本价，现金分红回报率为17.5%（伯克希尔年报现金回报率为15%，或许是已经按照一定折现率折成2002年到2003年巴菲特买入时的现金价值计算的结果），或者说2005年度的预期分红就能让巴菲特收回17.5%的投资本金。

到了2007年，中石油在上交所的A股市场上市前后，巴菲特以12～13港币/股的平均价格，在港交所将伯克希尔公司持有的中石油H股全部卖出。根据巴菲特在卖出中石油以后披露的消息，他买入中石油H股时，中石油的总市值是350亿美元，那么1.3%的总持股比例，总成本应该是4.55亿美元，比伯克希尔公司2005年年报披露的投资金额4亿美元多出了5500万美元。

哪怕不考虑伯克希尔公司可能进行过的短期套利买卖和后续追加投资问题，假设巴菲特在2005年的年报里只是省略披露投资的零头，实际投资中石油的金额就是4.55亿美元，即35.49亿港币，持股23.4亿股，那么平均持股成本为1.517港币/股，以巴菲特的抛出价来计算，持股4年左右，获利达7倍以上，这还没有算入中石油在这4年的现金分红。

中石油在港交所上市交易的H股总量大约为211亿股，巴菲特的持股量占H股总量的11%左右。后来H股股价最高不过20港币/股出头，考虑到巴菲特的巨大持股比例，能够在12港币/股左右的价格卖出所有持股，简直神乎其技。

我们中除了极少数天赋出众、际遇非凡的幸运儿之外，不会有机会像巴菲特先生那样可以操作数亿美元的巨资做一笔股票交易，但是都可以从他的操作思路里得到启发。

巴菲特信奉的价值投资理论强调买入价和内在价值之间要留下足够的安全边际，即要留下足够宽而深的投资护城壕。他在卖出中石油后提到，当初买入时中石油的总市值为 350 亿美元，而他的估值，即他所测算的中石油的内在价值为 1000 亿美元，所以他是以中石油内在价值的三五折买入的。

后来国际市场上的原油价格上涨到 70~75 美元/桶，巴菲特用同样的方式分析，调高了对中石油的估值，觉得中石油公司的内在价值在 2750 亿~3000 亿美元。当时中石油在港交所上市的 H 股市价已经达到了他的估值范围，于是他就指示伯克希尔公司将中石油的持股逐渐卖出，哪怕股价曾经超过 20 港币/股，也不再介入了。

根据这些数据，可以测算出巴菲特在买入中石油时估算的每股内在价值。估计他持有中石油的平均成本为 1.517 港币/股，那么他测算的中石油的每股内在价值就是 1.517/0.35=4.33 港币。根据港币对美元的联系汇率 7.8：1 和 2004 年人民币对美元汇率的中间价 8.277：1 来换算，他测算的中石油的每股内在价值约为 4.59 元人民币。

按照巴菲特的一贯做法，他在买入中石油时，肯定会以中石油当期的**每股股东盈余数值为基础**，至少假设一个平均年利润增长率较高的高增长阶段和一个平均年利润不再增长的成熟阶段，再取一个折现率，算出中石油的每股内在价值。

我们不知道他具体是怎么测算的，那么能够参考的数值就只有用他测算出的中石油每股内在价值与每股收益之比，以及每股内在价值与每股股东盈余之比。

2005年年末，中石油每股收益为0.55元人民币，巴菲特测算的每股内在价值对每股收益之比约为8.35。4.3节曾经给出过股东盈余的估算公式：**股东盈余＝净利润＋折旧＋各种分期摊销的费用－维持运营必要的资本支出，每股股东盈余＝股东盈余÷总股本**。2005年年末，中石油每股股东盈余的计算结果为0.156元人民币，即每股内在价值对每股股东盈余之比约为29.4。该年度中石油的净资产收益率高达29%。

2006年年末，中石油每股收益为0.76元人民币，每股股东盈余为0.36元人民币，都比2005年年末出现了较大幅度的增长。然而很可能引起巴菲特注意的是，该年度中石油净资产收益率为26.3%，比2005年度有所下降。

2007年中期，中石油每股收益为0.42元人民币，哪怕推算年度每股收益为0.84元人民币，这一年度的净利润增长率也已经明显放缓。即便假设影响年度每股股东盈余的其他数据都不变，这一年末的每股股东盈余估算为0.44元人民币。按照中石油在2005年年末每股内在价值对每股股东盈余的比值29.4来推算，内在价值是12.94元人民币。

2004—2007年，人民币对美元的汇率一直在升值，对汇率与美元挂钩的港币也随之升值。2006年人民币对美元汇率的中间价已经达到7.8087∶1，基本与港币持平。

那么巴菲特在2007年第三季度不考虑人民币对美元汇率继续上升的势头，根据他当时重新估算后调高的内在价值每股12.94元人民币折算成美元就是每股1.657美元，再乘以中石油当时的总股本18 002 097.78万股，就可以推算出这家公司的总估值在2983亿美元左右，即接近3000亿美元。

因为中石油这样的能源开采类上市公司受**经济周期影响很大，成长性是不可靠的**，所以巴菲特就选择在 H 股股价到达他调高后的估值范围时，果断逐步清仓，将利润兑现。

2007 年 11 月 7 日，就在巴菲特逐步在港交所将持有的中石油逐渐抛完以后，中石油以 16.7 元 / 股（高出他的抛出价 30% 左右）的发行价登陆上交所 A 股市场，以接近最高价的 48.6 元 / 股开盘，随后就一路下跌。

2007 年年末，中石油的实际年度每股收益为 0.75 元人民币，比 2006 年度还要低。此后虽然每股净资产一直在增加，但是年度每股收益再也没有超过 2006 年的 0.76 元人民币。巴菲特虽然说过等到中石油的股价便宜的时候，伯克希尔公司还会再买，但是至少迄今为止，他并没有再度买入中石油的股票。

2020 年 11 月，中石油 A 股的股价最低跌到 4.04 元 / 股，险些跌破 4 元 / 股大关。再查一下 2020 年度它的主要财务数据，发现每股收益仅为 0.1 元人民币，只能算微利，虽然每股净资产尚有 6.6409 元人民币，但盈利能力较差的净资产在股市上的定价是不会有多高的。好处是每年两次现金分红一直雷打不动。

然而就在中石油的经营业绩和 A 股的股价都令人失望的时候，转机似乎已经悄然来临。虽说根据 2021 年度中期报表显示，中石油的毛利率仍为 20% 左右，和 2020 年度相比未见起色，也远低于巴菲特持股那几年的 40%～50% 的水平，2021 年的净资产收益率充其量能达到 8% 左右，同样远低于巴菲特持股那几年 20%～30% 的水平，但是半年的每股收益已经恢复到 0.29 元人民币，创下 7 年以来的同期最佳，而且随着原油价格的持续上升,至少 2022 年的每股收益和净资产收益率还可以看高一线。

从图 7.12 和图 7.13 可以看出,中石油的股价在 2021 年 8 月 26 日上半年度报表公布以后,受每股收益创下 7 年来最佳成绩的影响,确实出现了一波上升行情,从 4.65 元人民币 / 股涨至 9 月 28 日最高的 6.49 元人民币 / 股,涨幅将近 40%。

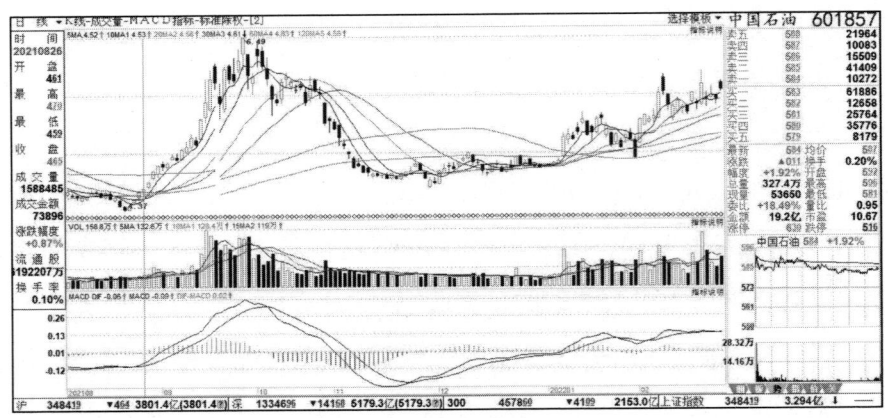

图 7.12　中国石油长线交易日线图示例

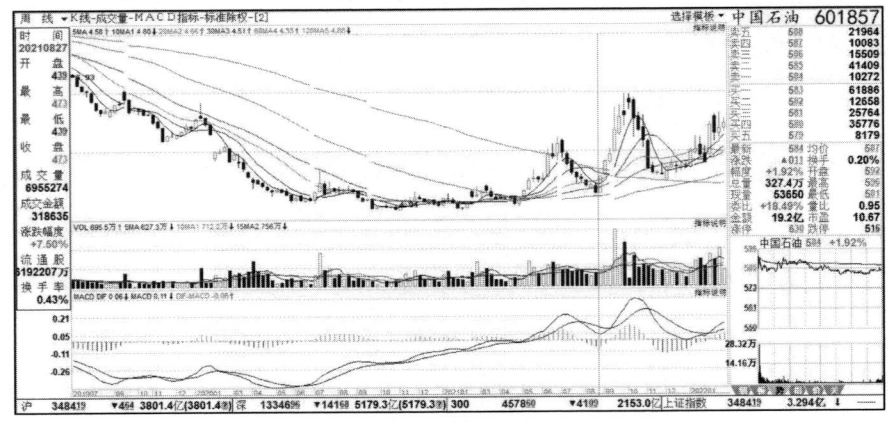

图 7.13　中国石油长线交易周线图示例

那么现在可以估算一下2021年度中石油的每股股东盈余。根据中石油2022年1月13日公布的年度业绩预告，2021年度预计全年度归属于上市公司股东的净利润比上年同期相比增长374%~395%。取中间值可估算2021年度中石油每股收益为0.48元。

根据中石油2021年度中期报表与2020年度年报和中期报表的对比，估算2021年购建固定资产等项目的现金支出比2020年略多，为2600亿元人民币；全年折旧及分期摊销费用保守估算比去年略少，为1800亿元人民币。

经过计算可得出2021年度中石油每股股东盈余估值为0.043元，无论按照5%的长期贷款利率贴现，还是按照巴菲特当年给予中石油的股价对每股股东盈余的比值29.4来计算，内在价值都只有1元左右，即使考虑它每年都有两次现金分红的回报，也很难说有多大投资价值。

这一计算结果说明，即使近半年来，中石油A股的股价走势从技术形态上来看是不错的，但并没有多大投资价值，所以更适合做中线操作，哪怕做长线操作，也不宜超过120个交易日这个标准太多。那么最近适合持股周期在250个交易日以上，又具备投资价值的个股有没有呢？当然有，就是7.3节提到的兰花科创（600123）。

在分析兰花科创在2022年度的前景时，已经大致计算过它的内在价值，本节就再与巴菲特买入中石油H股时期，中石油的几项主要财务指标对比分析一下。

兰花科创在2022年3月初的资产负债率为60%左右，巴菲特买入中石油时这家公司的资产负债率是30%左右，现在兰花科创的负债率是偏高的。

兰花科创2021年度的净资产收益率预估为19.8%，巴菲特买入中石油时是26%，兰花科创的净资产收益率略低一些。

兰花科创目前的毛利率为45%左右，巴菲特买入中石油时是53%左右，兰花科创略低一些。

中石油每年派发现金红利两次，比例为45%，兰花科创每年派现一次，比例大致为30%。

整体来说，兰花科创的资产质量比巴菲特买入中石油时略低一些。那么我们在为兰花科创估值时，就可以比巴菲特当初更加保守一些，**充分考虑可能的风险因素**。

2022年3月初，兰花科创的市盈率在6倍左右，比巴菲特买入中石油H股时的不到3倍确实高出不少，但巴菲特直到中石油的市盈率16倍左右时才卖出，那么可以准备持有兰花科创到10～12倍市盈率再卖出，长线仍然有较大获利空间可以期待。

7.3节已经将兰花科创的2021年度每股股东盈余打了对折之后，再以5%的折现率折成现值，即以打折后的每股股东盈余乘以20这个系数来估算其每股内在价值。巴菲特当初对中石油的估值系数则是29.4，这样估值已经非常保守了。

再将兰花科创与中石油A股目前的情况比较一下，不难得出兰花科创要比中石油更适合进行长线交易的结论。哪怕同时长线持有这两只股票，兰花科创的预期持股周期和回报率都可以比中石油更长、更高。

另外在本节的最后补充一点：国内的财政税务部门和监管机构制定的红利税收政策，是鼓励个人尽可能长期持股的。

根据《财政部、国家税务总局、证监会关于上市公司股息红利差别化个人所得税政策有关问题的通知》，个人从公开发行和转让市场取得的上市公司股票，持股期限在1个月以内（含1个月）的，其股息红利所得全额计入应纳税所得额，取得的股息红利须按照20%的税率计征个人所得税；持股期限在1个月以上至1年（含1年）的，取得的股息红利暂减按50%计入应纳税所得额，即按照10%的实际税率计征个人所得税；持股期限超过1年，股息红利所得暂免征收个人所得税。

最后回顾一下本章的内容，就会发现在进行实操分析和交易期间，既要制定明确的目标，也要注意一定的灵活性。进行持股周期相对较短的交易时，在行情和基本面都有利的情况下，可以将持股周期调整得更长。

在进行持股周期较长的交易期间，根据市场行情的趋势判断出短期行情可能出现波动时，可以进行高抛低吸的套利交易，兑现部分利润，抵减持股成本。

准备进行中线交易和长线交易，分析具体的个股时，需要更加重视基本面，在发现中线交易的目标个股更适合长线交易时，可以准备好延长持股时间；反之，发现长线交易的目标个股更适合中线交易时，也可以适当缩短持股时间。

第 8 章 实用交易心得

本章的内容与 1.1 节有所呼应,讲述的都是我和家人从股票交易实践中总结的一些心得体会,希望能对大家有所帮助。

其实一切都是从实践当中总结出来的经验之谈,并不高深,和生活中的许多常识一样,知易行难。

8.1 尽量避免亏损，你才能一直有"资"可投

在 1.2.5 小节曾经说起过 2018 年我在股市的糟糕经历。2019 年春节，我回家过年的时候，和家人谈起过去一年 20% 的亏损。

我弟弟先用半开玩笑的语气问我："你做股票都那么多年了，知不知道做股票投资的第一条秘诀是什么？"我脑子里闪出了几个词汇，但自问不会是弟弟想要说出的答案，就反问道："你说是什么？"弟弟的回答只有三个字："不要亏！"我顿时哭笑不得，但看着弟弟一脸认真的表情，不由开始沉思他这三个字到底有什么真意。

我家里有三个人做股票，无论是常年实操业绩最好的弟弟，或者是业绩较好的母亲，还是业绩最差的我，都不是从来没有做过一笔亏损交易的股市常胜将军。弟弟所说的"不要亏"，肯定不是指每一笔交易都不能亏。

在 1.1.2 小节用武林门派比喻过股票交易的两种基本操作方法——投资派和投机派，相对来说投资派更注重基本面分析，投机派更侧重技术分析。

我的母亲大概在 1996 年开始做股票。她只有初中文化程度，当时四十来岁了，只是个街道小厂的中年下岗女工，起始资金只有 8000 元

而已。一开始她想入投资派，经常将买来的一些记录每股收益和净资产之类的基本财务指标的小册子带回家研究，虽然也会关注资金流向榜之类的盘口信息，但还是相信绩优股的业绩自然会推动股价上涨。

我还记得母亲买的第一只股票是济南轻骑（600698），现在经重组已改名湖南天雁，当时也是绩优股，年度每股收益大概在 0.5 元左右。她最早在 13 元 / 股左右买进 500 股，大约每股赚了 2 元钱左右的利润抛出。于是她觉得继续买每股收益高的绩优股就能赚到钱，但 20 世纪 90 年代到 21 世纪前几年，上市公司"一年绩优、两年绩平、三年绩差"的现象时有发生。

当时国内上市公司的会计制度和监管制度都非常不规范，证券公司为了帮助企业上市，甚至对财务报表进行"包装"（说白了就是业绩掺水、弄虚作假）。

从主力操盘角度来说，那个年代还处于"庄股"时代，当时股市里与"散户"相对的名词就是"庄家"，而不是今日的"机构"。诚然，任何一个时代的股市都不缺乏投机交易，前文说过，在股市里投机不是一个贬义词，但是如果股市里的大资金参与者都是将股票完全当作与赌博筹码无异的"庄家"时，这样的高度投机氛围必然导致股价和指数暴涨暴跌成为常态，股价在大部分时间里和上市公司的经营业绩没什么关系。

在这样的大环境下，母亲的交易时赚时赔，她认清了股市的复杂现实，一切没有当初想象的那样简单。

等我上大学的时候，巴菲特的名声和价值投资的概念已经渐渐传入中国，但巴菲特究竟是如何投资，价值投资又是怎么回事，还没什么像样的资料能说出个所以然来，只是听说他有一套以财务学知识和价值投资理论为基础的不算特别高深难懂，却行之有效的投资方法，让他成为最成功的股票投资人，世界级富豪。

我母亲这样只有初中文化程度，不具备专业财会知识的中年妇女，能看懂一些基本的财务指标就很不错了，平时她还要照顾家里的老人和两个儿子，也没有精力去找大部头的财会类和金融投资理论书籍进行阅读并吃透，于是她转向了相对直观易懂、以技术分析为主的投机派，当然最基本的财务指标还是会参考的。

前文说过，技术分析方面的资料一直都更容易查到，各路证券分析人员也爱讲。母亲文化程度虽然不高，但是只要能弄懂的知识，看到了就有心学习，做了不少笔记。到了 2005 年前后，她已经在开户的证券公司营业部成了小有名气的散户高手。

我写本书时，也参考过她保存下来的一本笔记。一个初中文化程度的下岗女工的炒股笔记记录的内容，现在用搜索引擎在网上随手搜一下也能找到类似的文字，没什么神秘的。实际上母亲就是结合她对股票走势的观察和买卖经验，摸索出一套行之有效的**理性技术分析派投机方法，控制好持股期间可能面临的风险因素，做到心中有底而已**。

心中有了底，那么她买入一只股票后，无论之后的走势受到什么样的影响，出现什么样的波动，哪怕股价一度跌得比她的成本价还低，她都能平静地等候，在合适的低价位还会再补仓买入一些，降低平均成本，直到股价转升，扭亏为盈。

我弟弟是在 2007 年大牛市后半段期间入市的。那段时间股市里几乎每只股票都一路暴涨翻倍。弟弟最初投入的 1.9 万元本金不久加上盈利就变成了 3 万元。最初的经历让他想要加入投机派，尽量赚快钱，以为这样就能短期暴富。

当时我已经有了几年炒股经验，告诉他没这么简单，他却不以为然，兄弟俩还为此弄得有些不愉快。直到 2007 年 10 月，上证指数从 6124.04 点一路下跌的时候，现实让弟弟明白了他原先的想法实在有些天真，于是开始重新审视自己的操作方法。

我买过一本巴菲特写的书和另外两本关于股票投资理论的书，专升本阶段也学习过财务管理和会计学知识，做价值投资的基础应该比弟弟更好。然而我觉得价值投资理论在投机盛行的中国股市用不上，巴菲特分析上市公司内在价值的关键财务指标**股东盈余**在财务报表里也没有。虽然我希望靠做股票改变自己的命运，却不知道该如何学以致用。

我在 2007 年那一轮大牛市期间曾满怀希望，但哪怕在盈利最多的时候，都没有一套真正清晰的操作方法。我当时的心态就好比是一个闯了几年的江湖客，仰慕投资派大宗师的威名，想加入投资派，却只懂一些内功心法的皮毛，为了能在江湖上先立足不得不学投机派的功夫，但也没学精，偏偏此时就遇上了大牛市之后转大熊市的江湖史上的最大阵仗。以我当时的操作水平和心态，不先赚后赔反而是怪事了。

等我找到门路开始经营一直向往的写作事业、一度不再关心股市时，弟弟已经逐渐摸索出自己的一套操作方法，真正进入投资派的门墙，学习价值投资的内功心法了。我北上寻找机会，成为职业码字员，原来买的那三本关于股票投资的书都留在家中，没有带走。

弟弟用心阅读这几本书，了解了其他证券投资理论知识，又自学了财会知识，不再一心想赚快钱，而是根据他学习的理论知识，开始将价值投资法应用于实操，每年都能获得不错的回报。

2018年，当我再一次在股市里赔得灰头土脸的时候，母亲和弟弟的收益都不错。我家的3个成员中只有我上过全日制大学，学历最高，偏偏做股票的业绩最差。

如果我将做股票不如母亲和弟弟的原因归于只是运气不好，那么恐怕永远不会找到合适的操作方法，也不会明白弟弟所说的"不要亏"三个字的真意是什么，无法在后来的三年时间里逐渐恢复元气，从平亏边缘重新进入股市的盈利人群，反而可能彻底变成亏损的大多数，那么也就没有资格在这里写这本书了。幸好我还有那么一点反思精神。

弟弟是价值投资者，他所说的"不要亏"其实是这个意思：做股票的人要珍惜自己的资金，在可控范围内降低风险。这个"亏"不是说在持股的每时每刻账面上都不能有浮动亏损，更不是说每一笔股票投资都不能亏损，而是说进行价值投资要真正了解自己拿出真金白银买入的股票，了解那家上市公司，**让未来持股期间可能发生的风险降到最低**。

虽然母亲和弟弟的具体操作方法差别很大，一个是理性技术分析投机派，另一个是价值投资派，但是他们成功的道理还是非常相似的，就是**尽可能控制好持股期间的风险**。

第1章曾说过，"投资"一词在股市里有两种解释，其中一种就是用钱去赚钱，设法让财富增值，所以无论做投资还是投机，当机会出现时，能够用于买股票的资金量肯定越多越好。做股票或者其他投资的一大悲哀就是，当机会就在眼前时，你却无"资"可投。

第8章 实用交易心得

前文提过，我在股市里栽过两次大跟头。2008—2012年春是第一次吃大亏，当时我在已经将丰厚利润兑现的情况下，再度买入股票时，既没有从技术分析角度仔细研判所持有的股票今后的走势，也没有及时沉下心来，进一步学习和吃透一直都感兴趣的价值投资理论，结果一步步化盈为亏。

2014年新一轮小牛市的后半段，我重新做起了股票，但可用的资金实在不多。如果我在2008年，甚至在2009年就趁着自己还有不少盈利的时候撤出股市，或者用另一种方法，将自己投入的本金先撤出股市，只留下赚来的利润继续做股票，那么在2014年买股票能投入的资金就会多出许多，随之而来的盈利也必然更多。

2018年是第二次吃大亏，这次虽然事先对买入的股票可能面临的风险进行了一定的预判，我却误判了自己的"基本面"——日常稿酬收入出了问题，结果最初在心理上虽然能顶住账面浮亏的压力，日常开销的账单却顶不住了，搞得浮亏变成了实亏，心态受到影响，亏损再度放大，只能先卖出部分股票套现，确保有足够能安全应付2019年一年开销的现金。

2019年初夏，当我看好几只医药股，也做了充分研判时，却因为2019年到位的稿酬收入在扣除预计的年度开销后的结余不多，手头可用来理财的余钱也就不多，不敢冒险，只能退而求其次，买了风险相对小一些的一只医药类股票基金。

从2020年底到2021年7月，当出版社过去积欠的稿酬大量到账的时候，医药类股票行情最好，投资价值较高的时间也已经过去了。我第二次因为无资可投错过了机会。这次更加可惜，因为我在操作方法上终于开始成熟，有了足够的风险意识。

各位在出手买卖股票交易之前，一定要记住这一点：**必须控制好交易风险，尽量避免亏损，保全你的本金和辛苦赚来的利润，在最好的交易机会出现时，你才会有足够的资金可以投入。**

8.2 重要的是赚的一定要比亏的多

8.1节说的是要尽量避免亏损的可能性，但是就像我们在生活中都难免会犯错误、遇到挫折一样，股市里没有独孤求败，没有任何人能够做到每一笔交易都不犯错，从来不亏损一分一厘。

强如一代股神巴菲特，投资美国航空公司、房贷美公司等大手笔交易也曾亏得很惨。如果生活中遇到某位股市"高手"自称做股票"从来没输过"，他要么是在一轮为期颇长的大牛市期间开始做股票的，暂时还没有尝到熊市的滋味，要么就肯定是在吹牛。

我的失败经历大家应该已经看够了，我也提过我母亲的失败经历。弟弟是我们家做股票最成功的人，但是他做价值投资一样有失手的时候。

2017年，他根据价值投资法估算出一家医药流通类上市公司同济堂（600090）值得投资，大概以8～9元/股的平均成本价买了一批，结果2018年第二季度，股价两次出现"闪崩"，到了7月，股价已经到了6元/股以下，后来再也没有回到7元/股。

第 8 章　实用交易心得

那段时间这家公司曝出了大额关联交易受到证监会质询，大股东大比例质押股票的消息。从这一年起，这家公司原先还算不错的业绩开始难以为继。2019 年，公司的经营状况进一步恶化，第一大股东的全部股份几乎都被质押，甚至大部分股份被司法冻结。其他大股东不是大比例质押股份，就是在市场上抛售减持。股价随着这些利空消息的出台一路下跌，到 2019 年 6 月股份已经跌破了 5 元 / 股。

我没有问弟弟具体在什么价格将这只股票抛掉的，假设他在 6.5 元 / 股抛出，这次交易他都要亏 20%，甚至将近 30%。后来这只股票每况愈下，2020 年成了 ST 股，2021 年又加上 * 号，如今 *ST 同济堂的股价只能在 1 元 / 股左右徘徊了。

尽管弟弟对同济堂的投资以失败告终，但并没有影响他在 2018 年和 2019 年总体上仍然取得平均 15% 的年复合增长率。这是因为他从 2017 年开始就已经投资白酒类股票，先买了五粮液（000858），后又买了山西汾酒（600809）。

据母亲转述，他曾经一共买入 5000 股山西汾酒，最后在 80 元 / 股以上的价格抛出。那样的话，哪怕他的平均持股成本是 50 元 / 股，仅仅这项投资，利润就能达到 15 万元以上。即使当初买了 2 万股同济堂，为此亏损 5 万元，两相抵消，仍有 10 万元以上的利润。何况他还有其他投资或者套利交易，多数都是盈利的。

再另外举个例子：一位交易者一共有 30 万元资金，用 8 万元买入股票 A，3 万元买入股票 B，4 万元买入股票 C，7 万元做短线操作，3 万元做超短线操作，剩余 5 万元留作备用金，根据需要追加到中长线和短线交易中去。

120个交易日,即大约半年后,股票A上涨60%;他在股票B上追加了2万元,最后投入的5万元一共涨18%;股票C下跌,虽然他后来在低位用1万元补仓,但5万元资金还是亏损了30%;他做短线不是很顺利,7万元短线操作资金最后亏了20%;3万超短线操作资金也亏了20%。那么30万元的资金在经过半年的操作后,有13万元的资金是盈利的,赚了5.7万元;有17万元的资金是亏损的,一共亏了3.5万元。

他的盈利交易和亏损交易在两相抵消后仍盈利2.2万元,半年收益率为7.33%。经过半年操作,虽然犯了不少错误,但**交易盈利大于交易亏损,总体来说还是盈利了。**

俗话说"不要把鸡蛋放在同一个篮子里",股票交易原则上也应该这样做。基金等机构投资者和资金量较大、经验丰富的老交易者都主张分散投资,把鸡蛋放到许多个不同的篮子里。在他们看来,股票投资时刻伴随着风险,分散投资也就意味着分散风险。

每只股票就像一个篮子。不同的篮子质量参差不齐,有结实的,有普通的,也有劣质的,而在将鸡蛋放入篮子之前,不可能对篮子的质量了解得特别清楚,况且用篮子运送鸡蛋的途中,也会遇到碰撞和打翻篮子的风险,损失一些鸡蛋是必然的。

即使主张集中投资的巴菲特等价值投资者,同样**不会将所有的可用资金都用于购买仅仅一家上市公司的股票做长线投资。**换句话说,价值投资者同样不会把所有的鸡蛋放在同一个篮子里,但是选择的篮子数量要比无差别选择分散投资的交易者的少。他们同样知道鸡蛋放在篮子里运送存在各种被碰撞打碎的风险,所以会尽可能选择少数结实的篮子来放鸡蛋。

他们按照自己的标准选择的结实篮子也不是绝对不会出问题，一些篮子可能不像原先估计的那样结实，或者在运送途中遭受的外力冲撞超过了最大承受力，无法保护里面的鸡蛋不被打碎。但是他们对选择的篮子还会另外附加一些保护措施，从而让尽可能最多的鸡蛋送到目的地，可以做成糕点和菜肴，或者孵出小鸡饲养成大鸡出售，让总售价尽可能地比原先买入鸡蛋投入的资金更多，弥补部分鸡蛋被打碎的损失，从总体上实现盈利。

他们只要经过实践证明某些篮子和保护措施能保证最多的鸡蛋被顺利运送到目的地，就一直按照选择这些篮子和采取保护措施的方法选择篮子，从而尽可能地在最长的时间里保证鸡蛋安全运送到养鸡场、食品店和餐馆，用这种最为安全的办法追求长期盈利。

有读者会问："你说的这些有一定的道理，但是新手的资金量一般都没那么大，只有几万元，甚至几千元资金，高价的绩优股也买不了多少，能选择的股票比较少。本来就没多少鸡蛋，且能选择的篮子很少，那么怎么靠分散风险来做到赚多赔少呢？"

细心的读者应该注意到第 7 章列举和分析不同持股周期的实操案例时，在经过选股分析这个步骤后，都没有让案例中的交易者（设定资金 5 万元）一次性将所有的资金都用于买股票。用全部资金在相对较低的价格买入，一直持股到最高价抛出，盈利固然非常多，但是必须考虑到股票的基本面和技术面走势在未来都是充满不确定性的因素。

计划赶不上变化快，事先准备得再周全，分析得再透彻，在买入后的持股期间都多多少少会遇到意外情况。

资金量在 2 万～10 万元的新手或者其他散户，在建仓阶段投入 20%～30% 的资金，剩余资金可以等待其他个股的价格到合适价位再增加持仓品种，也可以像第 7 章讲解的那样等待机会高抛低吸，逐步提高持仓比例，同时降低持仓成本。

鸡蛋数量不多，就可以耐心选择适合自己的少数几个中小号篮子，降低运送时遇上的风险，也可以先放少量鸡蛋在一个篮子里送到目的地，确定鸡蛋安全送到食品店或养鸡场，可以产生利润了，再将其余鸡蛋逐步放到回来接新鸡蛋的篮子里运过去。**将不多的鸡蛋分几次放在同一个篮子或者少量几个篮子里运送，同样可以分散鸡蛋被打碎的风险，选择结实又有保护措施的篮子，蛋被打碎的概率就更小。**

如果新手的资金量只有 1 万元左右，甚至更少，只有几千元，一共只能买十几手，甚至几手股票而已，要想分散风险难度就更大，但也不是没有办法。第一种办法仍然是分阶段投入资金，但是因为资金量小，建仓阶段投入的资金比例可以适当提高到 30%～40%，但最多不宜高于 50%。第二种办法是将一部分资金用于购买开放式基金。

如果要在代销基金的证券公司和银行开设基金账户，在网上就能办理手续，在基金公司开设直销账户也是可以的，支付宝和天天基金网这样专营基金业务的正规理财网站也可以开户。股票型和混合型基金的大部分资金都用于购买股票，而且会分别买入多只股票。

我们用一部分资金买入一些基金，就相当于买入了多只股票，而购买基金的最低资金门槛只要 10 元钱而已。然而我们要注意的是卖出股票是 T+1 交易，即卖出的资金会在第二个交易日到账可取，但赎回

（卖出）基金则不是，一般代销机构的股票型和混合型基金是 T+4 交易，基金公司直销是 T+3 交易，支付宝和天天基金网是 T+2 交易。

比方说一位收入不多，刚刚工作一年左右的年轻新手，一共有 5000 元的余钱可以用来买股票或者做其他理财，那便可以用 4000 元做股票，1000 元做基金。当然，买基金之前也是要做分析研判的。

如果他不希望为这区区 5000 元在研判上投入太多精力的话，可以在选中一只准备买入的股票以后，找一只在这只股票上投入一定比例（如 5%）资金的基金，或者干脆找一只专门投资那家上市公司所在行业的基金。那样的话，他在分析那只股票的时候，同时分析与之有关的一只基金，也不用多费许多精力。

无论如何都要记住，交易股票或者做别的理财产品，在一个或几个品种上亏损都很正常，不用为此纠结，重要的是做到让那些盈利品种的收益之和大于亏损品种的损失之和，这样两相抵消仍然可以赚到钱。

8.3　最终成为赢家的唯一秘诀——复利

普通人做股票，无论最初投入的资金有多少，想要短期暴富都是不太现实的。个别幸运儿赶上一轮大牛市，一开始赚得盆满钵满，一年就赚几倍，但他如果没有一套成熟的操作方法，这些利润往往来得快，去得也快，一轮熊市就会将他打回原形，甚至亏损累累。

1.1.3 小节曾提到过，股市新手应当给自己制定一个切实可行的目标，第一年盈利10%。那么长远目标，比方说做股票20年应当定什么样的目标才算切实可行呢？我的答案很简单，让投入股市的资金平均每年都能达到10%的复合（复利）收益率。最终你要成为股市里的长期赢家，秘诀只有一个——复利。

一代股神巴菲特一度成为世界首富，20多年以来都稳居世界十大富豪之列，靠的就是从1957年以来平均每年能超过20%的年复合收益率。普通市民不敢与股神比肩，但每年10%的年复合收益率是完全可以期待的目标。

假设一位股市新手今年35岁，用5万元余钱投入股市做股票，如果这20年平均每年的复合收益率都达到10%，即使以后再也不追加1分钱的投入，到55岁那年，这笔投资将会变成33.64万元。如果他工作稳定，从第二年开始每年再追加投入1万元余钱，到55岁那年，累计24万元的投资就会变成大约89.91万元。

哪怕某位交易者以前在股市里屡战屡败，只要愿意痛定思痛，找到适合的可行的投资或者理性投机的操作方法，用现在可用的余钱重新开始做股票，那么年平均复合收益率10%同样是可能实现的目标。这也是我现在的目标。

前文说过，我的母亲1996年开始做股票，是理性投机派交易者。她只是一个只有初中文化的街道小厂下岗女工，当时的起始资金只有8000元而已。除了已另组家庭的父亲寄来的一些微薄赡养费，我家这20多年的日常开销，主要都靠母亲的下岗工资和退休金维持，她这些年能够在股市追加投入的资金是相当有限的。

2022年春节，我回家和母亲聊天时，知道她的证券账户资产总额大约有 60 万元。姑且就算她历年追加投入的资金加上起始资金一共 10 万元，那么 25 年多的利润一共是 50 万元。她的年平均投资额取起始投入资金和合计投入资金的平均值，也就是 5.4 万元，现在的资产大约是年平均投资额的 11.36 倍，再开 25.3 次方，年平均复合收益率正好是 10% 左右。

我弟弟是价值投资者，现在是月薪 5000 多元的普通上班族。他从 2007 年开始做股票，这些年除了贴补一些家用和满足个人爱好的日常开支，大部分余钱都用于投资股票。按照他所说，2014 年之前，做价值投资还在摸索阶段，不成系统，此后已成为真正的价值投资者。

他入市以来的年平均复合收益率为 12%，2014 年价值投资法成熟后，年平均复合收益率为 15%。他时常开玩笑说自己穷得只剩股票了，今年春节，他的证券账户资产总额已经超过 100 万元。

我家的 3 个人是从来不借债做投资或者做融资融券交易的，所以母亲和弟弟证券账户里的资产都是自有的资金和股票，没有一点水分。我们一家都是普普通通的人，近两年连交易业绩最差的我，也能取得年平均复合收益率 10% 的成绩。因此，可以让你在 20 年，甚至更多年后都成为股市赢家的唯一秘诀就是**复利**。

结 语

本书到这里就该结束了。首先感谢我的朋友陈正侠先生，让我对股票的心态趋于平和，理念得以成熟，真正找到有效的操作方法，将我和家人多年的心得体会书写成文，与各位读者交流。

我还要感谢我的母亲和弟弟，为我的实操和写作本书提供的各种帮助。感谢为我提供灵感的朋友。最后要感谢耐心看到结语部分的读者。

本书里提到的个股，有些是我曾经交易过的，有些是我的家人曾经交易过的，有些是我们现在持有的，有些则纯粹是为了行文方便随机挑选的。前文提到的所有个股都不是向读者具体推荐的股票。

本书从开始动笔到最终成文定稿，再到上市与读者见面，必然要经过一段颇长的时间，而**股市行情是时刻都在变化的，上市公司的经营状况也不是一成不变**。我不是一位厨师，不能给您一盘现成的熟鱼直接下筷子品尝，我只是一个渔夫，在将自己的真实打鱼经验和心得体会告诉您，让您有机会学会自己去抓到鱼。

对普通人来说，股票交易就像是长跑，最重要的是持久的耐力。刚刚入市的新手，在起跑时不要贪快，而是要尽可能地求稳，找到让自己最舒服的节奏，毕竟到达终点的路是非常漫长的。

如果本书的读者中有若干年后成为身家过亿的股坛大亨，我将不胜荣幸，但是我最现实的期望，还是希望本书能够让股市新手和普通散户少走一些我过去走过的弯路，少踩一些让我栽过跟头的坑，在股票交易的长跑途中步子能迈得稳一些，尽量顺利一些。希望20年后，我们在终点相聚时，大家都能达到自己的目标。